中国林业优秀学术报告

2022

中国林学会　编

中国林业出版社

图书在版编目(CIP)数据

中国林业优秀学术报告 . 2022 / 中国林学会编 . --
北京 : 中国林业出版社 , 2023.10
ISBN 978-7-5219-2394-0

Ⅰ . ①中… Ⅱ . ①中… Ⅲ . ①林业—研究报告—中国—
2022 Ⅳ . ① F326.2

中国国家版本馆 CIP 数据核字 (2023) 第 199192 号

策划编辑：樊　菲
责任编辑：樊　菲　马吉萍

出版发行：中国林业出版社
　　　　（100009，北京市西城区刘海胡同 7 号，电话 83143568）
电子邮箱：cfphzbs@163.com
网址：www.forestry.gov.cn/lycb.html
印刷：北京博海升彩色印刷有限公司
版次：2023 年 10 月第 1 版
印次：2023 年 10 月第 1 次
开本：889mm×1194mm 1/16
印张：14.25
字数：250 千字
定价：88.00 元

学术顾问：沈国舫　蒋剑春

本书编委会

主　任：赵树丛

副主任：陈幸良　沈瑾兰　曾祥谓

主　编：陈幸良

副主编：李　彦　曾祥谓

编委会成员（按姓氏笔画为序）：

王　妍　卢孟柱　李　伟　李　彦　李　莉

李迎春　吴红军　吴统贵　迟德富　张训亚

陈幸良　陈祥伟　崔丽娟　童杰洁　曾祥谓

谢锦忠

前　言

　　2022年是党和国家发展进程中具有重要里程碑意义的一年，党的二十大胜利召开，吹响了全面建设社会主义现代化国家、全面推进中华民族伟大复兴的时代号角。一年来，中国林学会坚持以习近平新时代中国特色社会主义思想为指导，以迎接学习贯彻党的二十大精神为主线，深刻领悟"两个确立"的决定性意义，进一步增强"四个意识"，坚定"四个自信"，做到"两个维护"，按照"克服疫情、聚焦靶心、争创一流、开放协同"的思路，多措并举，全面提升了学会服务能力。

　　2022年，新冠疫情严重影响了学术交流的开展。中国林学会和各分会、专业委员会以及广大林草科技工作者同心协力，克服困难与挑战，积极应变，切实提升学术交流质量和水平。

　　一年以来，学会以弘扬梁希科学精神为动力，紧紧围绕党和国家的大局开展服务，聚焦新时代学会的职责使命，坚决扛起团结科技工作者、凝聚创新创造力量的责任使命，推动林草科技创新、促进产学融合。通过大力实施学术引领计划，综合汇聚"科创中国""智汇中国"的院士、知名专家、行业领导等高端智库力量，以具有深度的学术研讨、主题鲜明的选题咨询和富有成效的专题调研等多种方式，提出了一系列具有针对性、操作性、实效性的意见建议和理论成果。中国林学会各分会、专业委员会，各省级林学会和相关涉林草机构也通过形式新颖、内容丰富的学会活动，集中展示了创新动态，深入探讨了焦点难点问题，为创新驱动林草高质量发展作出了积极贡献。

《中国林业优秀学术报告2022》致力于全面展示和重点归纳年度创新创造成果，通过传播其中具有代表性的新理念、新思想、新技术，为广大林草科技工作者把握时代方位、理清发展思路、创新方法举措提供重要启迪和参考借鉴。

本年度征集到林草碳汇、国家公园、木本粮油、森林食品、生物质能源、自然保护地建设等领域学术报告30余篇，遴选收录院士报告2篇，特邀学术报告15篇，调研报告3篇。这些报告汇聚了林草融合发展和高质量发展中的关键性、重要性和机遇性问题，既有"碳达峰碳中和"背景下林草发展路径的探讨，也有贯彻落实"藏粮于民、藏粮于技"等国家战略的现实思考，更有很多新领域、新课题的新成果，集中展示了创新动态。但由于篇幅所限，文章统一略去了参考文献，一些引用的文字、数据或者图表也未标明引用出处，在此作特别说明。

最后，特别感谢各位院士和专家学者们在约稿和编撰过程中的大力支持，感谢各有关分会、专业委员会，各省级林学会和相关涉林草机构在征稿过程中给予的大力帮助，希望大家积极推荐高质量高水平的学术报告，支持中国林业年度优秀学术报告的编辑工作，让年度学术报告报告成为启迪思维、科学普及的学术精品，成为推动学科发展、促进科技交流、助推林草科技航船破浪前行的学术阵地。

编　者

2023 年 9 月

目 录

目　录

第一篇

院士报告

伐木本无过，森林可持续经营更有功

沈国舫

（中国工程院院士，北京林业大学原校长、教授）

伐木本无过，这是常识。但因为近年来一部分舆论被带偏，不少人认为伐木就是破坏生态，就是有罪。这样的认知有失偏颇，有些情况下甚至有害。

作为一位年近 90 的林学人，我希望通过本文进行一些科普。

一、伐木的功过

森林，和草原、湿地、荒漠、河湖、海洋一样，是一种自然生态系统。

在人类社会充分发展以后，部分自然生态系统被开发改造为农田、牧场、鱼塘、城镇、路矿用地，以满足人类社会的需要。

在不少情况下，这种开发做过了头，产生了不良后果，受到了大自然的惩罚。

于是，人们开始生态觉醒，悟到对自然生态系统开发利用应该有个限度，有些规则要遵循。

总的来说，人类应该和自然和谐共生，走可持续发展的道路，我们是这样走过来的。

---

* 2022 年 9 月，在北京举办的第 20 届全国森林培育学术研讨会上作的主旨报告。(《中国科学报》2022−03−28 第一版 要闻发表)

那么在这样一个历史过程中，应该如何看待伐木这种行为呢？

我暂时用"伐木"作为森林利用的代名词。伐木是开发利用森林生态系统，收获部分森林能提供的产品（建筑材料、生活用具、薪炭等），来满足人类生活所必需的一种活动，它应该与种田、放牧、打鱼等活动处于同等地位。

可是，由于森林对维持人类生存的生态环境具有举足轻重的多维功能，所以无论在开发利用森林的数量范围上，还是在方式方法上，都要有科学的平衡限定和技术支撑，以达到可持续发展的状态。

过去，伐木之所以背负恶名，是因为有一段历史时期人们过度开发利用森林，损害了其生态功能的长远效应，这是应该反省的。但在新中国成立后的三四十年里，采伐森林是有其必要性的。

当时，以伐木为引领的森林工业为国家提供了大量建设材料，同时在为国家提供初步工业化所需资金方面作出了巨大贡献。那个时代的伐木者包括当时的一批林业劳模，功不可没。

改革开放后，政府制止了过伐行为，竖起了生态保护的大旗，开展了天然林保护、退耕还林还草、三北防护林工程建设、太行山绿化和建设国家公园等一系列生态工程建设，伐木人转变成了育林人，功劳就更大了。

二、伐木的必要性

伐木的必要性得从两个角度看。一个角度是从森林生态系统的自然属性看。森林是以树木为主体的多种生物结合的共生综合体，像一切生物及其生态系统一样，它也有自己的发生、生长、发育、成熟、衰老和死亡的过程。其在不同的生命阶段有不同的相貌、内部关系和功能。

森林生态系统的功能（对人类的服务功能）主要是物产功能、生态调节功能、生态支持（对地球生物圈的大系统来说）功能，以及文化功能。

幼年森林的各项功能较弱，中壮年森林的各项功能强大，成熟阶段森林的各项功能达到峰值，衰老阶段森林的各项功能逐步衰竭，最后因自然界的风、雪、火等灾变及人为的干预而走向死亡，需要更新、重建生态系统。

在这个过程中，森林中各项物产，包括树木的茎干（木材）、枝叶、花果、林中其他生物体（林下浆果、菌类、草药、昆虫、野生动物），有许多是对人类有用的东西，是可以收获利用的。这是大自然的馈赠，不利用是浪费。

因此，问题在于如何明智地利用这些物产，同时不影响生态系统及生态环境的大局，还能让森林继续世代繁衍。

另一个角度是人类的需求。自古以来人类对森林生态系统有多样的需求——从食物到燃料、从猎物到药物、从庇护到游憩，多式多样。

曾经，有不少人居住在林区或附近，靠森林维生。而现代社会对森林生态系统所提供的功能需求，也都延续下来了，只是在结构、种类、方式上有所改变。

无论是人类对森林的物产需求、生态需求，还是文化需求，都可以通过科学合理的途径得到满足。可持续经营就是正确途径。而伐木是合理经营利用好森林的一个重要环节。

三、伐木是森林可持续经营的重要方式

要经营好森林生态系统就离不开伐木，对此很多人可能难以理解。其实这与森林主要由多年生木本植物构成这个特点分不开。

森林的开端（如一块火烧后的荒地）应该是由大量的树木幼苗（包括实生的和萌生的）出现开始的。森林要占据这片土地就需要足够的幼苗。这个数量应该是以每公顷几万株计，即使是人工栽植起源的，一般也要每公顷几千株。

但到这片森林生长到成熟阶段（无论是数量成熟、工艺成熟，还是自然成熟），其单位面积的立木株数要降到每公顷 200 ～ 300 株，甚至几十株。

那么大量的树木到哪里去了？答案是自然稀疏死亡了，或者是在合理经营的情况下，被逐步间伐去掉了。

人们用抚育间伐来调节林分（即一片同质的森林）密度，使之适应不同年龄阶段树木生长空间的需求。

除了调控密度外，抚育间伐还有调节树种组成、上下林层关系的功能。人们对林木留优汰劣，去除干形不好的、有病虫害的、受过风折雪压等伤害的林木，保留生长好的优质树木，从而促进林分质量的改善。

因此，抚育间伐是经营森林的基本措施。伐木是培育健康森林所必需的步骤。

除了一般的抚育间伐之外，还有以控制病虫害为主要目的的卫生伐，以及处理重大灾变（如风倒、火灾等）后果的救生筏，等等。

所有这些采伐是改善树木生长，同时也是利用部分中间产品，并且促使部分采伐剩余物回归林地实现生态系统物质循环的重要手段。

森林生长发育到一定阶段就可达到成熟，所谓森林成熟一般是指森林的立木生长的增速（平均生长量）达到峰值，各项生态功能也处于最佳状态。

随着林龄的进一步增长，林木生长量越来越少，生态功能也可能逐步降低，再进一步就达到过熟和衰亡的状态，森林就需要更新了。

一些由不同树种组成的森林只需在林内伐去一定数量树木，使林下达到一定的透光度，老树之下就会长出一批幼树，如此周而复始形成异龄林。这种采伐更新方式我们称之为"择伐更新"。

但另一些树种的森林不适合这样的方式，幼树生长需要上方全面透光，在自然界要靠风倒、火烧或其他灾害来达到老林衰亡、新林更新。在一片林木全部伐除而腾出的林地上培育出新一代幼林，我们称之为"皆伐更新"。

无论哪一种方式都要采伐，我们需要关注的只是采伐的强度、间隔期、面积大小、伐倒技术及伐后清理等一系列措施，保证其有利于目标树种更新，同时不显著改变林地的环境条件。

因此，无论是在森林的成长过程中，还是在森林达到成熟之后，都要用伐木的手段来经营利用好森林，使之充分发挥森林生态系统的服务功能。

四、木材利用是达到"双碳"目标的重要手段

森林是陆地上生物量最大的生态系统，是一个巨大的碳库，在全球碳平衡中起着巨大的作用。但如何在保持这个碳库的基础上大量地增进碳汇，需要好好规划。

森林生态系统中不断进行碳的循环，林木及所有林内绿色植物通过光合作用吸收大气中的二氧化碳，和水结合形成碳水化合物，再通过一系列生物化学反应形成多种多样的有机物，植物又通过自身衰亡及动物和微生物的多层次消费、转化、分解而还原为土壤有机物及二氧化碳，回归自然。

一片正常的处于成熟阶段的森林实际上是碳中性的，一片正在茁壮生长、积累生物量的幼壮林则是明显的碳汇（即碳储量是在扩增的），而一片生长衰退或因灾不断衰亡的过熟林实质上则是碳源（即碳储量是在递减的）。

因此，从林业的角度看，为了固碳增汇，除了合理扩大森林面积以替代固碳低效的其他生态系统之外，主要的还是维持森林合理的年龄结构及提高森林的质量（首先表现为高生产力）。

过多地维持过熟的老林对发挥森林的固碳增汇作用是不利的。

在森林的有机物总量（生物量）中，木材占有重大的比例（50% ～ 80%），而且木材的蓄积量和森林的生物量紧密相关。

因此，方便起见，人们常用易测的木材蓄积量代替森林生物量来表达森林的有机物积累。

木材尤其是树干的干材是森林产物的主体，也是人类要收获利用的主体，这是大多数森林的一般境况（不同的森林有不同的利用方式）。

木材是人类使用的几种基本材料之一，与其他几种基本材料（金属、水泥、塑料等）相比，木材是生产能耗最低、可再生的材料，是最绿色的材料，应该充分重视。

木材是人类使用的最古老、最传统的材料，在现代社会木材的使用更广泛。除了制作建筑及其内部装修、家具、交通用具等用途外，木材还是现代生活不可或缺的纸和纸板的原材料。

正常的社会经济生活离不开木材。我国因为森林资源不足、曾经过度采伐等原因而限制了木材利用，很多方面以金属代木、水泥代木、塑料代木，这是不得已的对环境不利的办法。

即便如此，我国每年木材消费量仍为 3 亿～ 4 亿 m^3，数量巨大。

另一方面，我国近半数木材要靠进口，而进口来源也有逐年受限之虞。这是我们林业界的一块心病，我们应该想方设法提高我国木材的自给率，这是有可能做到的。

有机物是碳的重要载体，而木材是森林有机物的构成体。充分利用木材，使之在相当长的时间里脱离自然界碳循环而在社会上保存沉淀下来，这是生物碳汇扩增的重要途径。

如果不能合理利用木材而任由其进入自然界碳循环的洪流，它不但不能成为碳汇，反而会成为碳源。

由此可见，科学合理利用木材不仅能充分开发森林提供木材的物产功能，而且是发挥森林生态（支持）功能的重要途径。

五、平衡发挥森林生态系统的综合功能

森林生态系统是多种多样的，它所具有的功能在性质上和结构上也不一样。

果木经济林的生产以提供非木产品（油料、饲料、干果、浆果、涂料等）为主要功能，风景保健林以提供观赏、休闲、康体等文化产品为主要功能，防风固沙林和水土保持林等防护林以提供多种生态防护功能为主要功能。还有以生产木材（含纤维用材）为主要功能的商品用材林。

每个林种除了其主要功能外，同时具备其他共同的生态、物产、支持和文化的服务功能，如防护林也能生产木材，也可用于生态旅游。多数森林都是多功能的，我们理应合理平衡地充分发挥各种森林生态系统的综合功能。

由于森林是以木本植物为主体的生态系统，所以提供木材及其相关产品，几乎是所有林种的共有功能，商品用材林自不待言，多种防护林、风景保健林甚至果木经济林都具有生产功能，可以在保证其首要功能的前提下加以利用。

如何保证既充分发挥各林种的主体功能，又收获可能得到的木材产品？科学技术大有用武之地。

当然，有一种情况不应该考虑木材生产问题，那就是应该加以严格保护的那部分森林，主要是自然保护区和国家公园的核心保护区域的森林。

这些地方不考虑木材利用问题，即使是因风、火、病、虫、老、残等不同原因倒下的树木也不应加以利用。

这是为了保护原真性的森林生态系统及其所体现的生物多样性，是人类留给后代的自然资源。这部分的森林生态系统应该确保其在纯自然状态下繁衍生息，不受人为干扰。

但这一部分需要绝对保护的森林生态系统应该根据自然、社会及经济的综合考量确定一个适当的范围（面积、规模），连同其他生态系统需保护的面积算在一起。

国际上的共识是一般不超过国土面积的15%。在生态区位重要、人口较少、开发程度较低的地区可以多保留一些。

在科学合理的可持续经营下，新一代森林应该比老一代森林更加健康高效，成为扩增碳汇的主要支柱。

总而言之，无论从森林生态系统的发生、发展的自然本质而言，还是从人类社会对于森林生态系统的服务功能需求而言，都没有必要把木材生产和生态保护完全对立起来，也没有必要因为我们曾经犯过超额采伐森林的过错而过多地设置禁区。

要科学、理智地看待伐木问题，将其放在可持续发展的框架内予以解决。

作者简介

沈国舫，男，1933年生，著名林学家、生态学家、林业教育家，中国工程院院士，北京林业大学教授。曾任北京林业大学校长、中国工程院副院长、全国政协委员、中国林学会理事长、《林业科学》主编、中国环境和发展国际合作委员会中方首席顾问等，是国家林业和草原局、生态环境部的咨询委员会委员。主编全国统编教材《造林学》和国家级规划教材《森林培育学》，为创建有中国特色的森林培育学作出重大贡献。在森林立地评价与分类、适地适树、混交林营造、速生丰产用材林培育、干旱半干旱地区造林、城市林业等多个方向取得了卓越成就。发表论文200多篇，出版教材及专著20多部。先后获国家级科学技术进步一等奖1项，省部级科学技术进步奖7项。获得首都劳动奖章、全国五一劳动奖章、"绿色中国年度焦点人物"称号、中国工程院光华工程科技奖等荣誉。

现代林业资源加工利用技术发展概论

蒋剑春

（中国工程院院士、中国林业科学研究院林产化学工业研究所研究员）

本报告阐述了我国和世界林产化学加工技术方面的概况，谈及了我国在林产化学加工、资源高效加工利用方面的潜力、优势，展望了未来我国需要重点突破的方向，论及了林业资源高效加工利用涉及的"双碳"战略、生物经济战略、新材料新技术新能源和大健康产业，体现了新型学科交叉融合发展对林产化学加工技术提出的一些新课题、新战略、新要求。

一、基本情况

（一）林业生物质资源

林业生物质资源利用按照原料主要化学组成，可分为木质资源和非木质资源两大类。

木质资源，指能够提供木质部成分或植物纤维以供利用的天然生物质原料，包括木材、竹材、灌木等，可供利用的主要化学成分为纤维素、半纤维素和木质素。木质纤维原料中的纤维素、半纤维素和木质素 3 种主要组分之间相互作用复杂。一般认为，纤维素是细胞壁的骨架，半纤维素填充在纤维素周围，木质素作为黏结物

---

* 2022 年 11 月，在浙江湖州举办的梁希科学技术奖颁奖大会暨首届梁希大讲堂上作的主旨报告。

质将半纤维素与纤维素包裹起来，形成植物细胞壁，赋予植物抵抗外界对其的降解作用。木质纤维主要组分的有效分离，为后续组分转化利用提供了合适的原材料，是木材化学加工以及生物炼制的基础。组分分离的方法主要有物理法、化学法、物理化学法和生物法四大类，其中碱法等化学法是工业分离常用的方法。化学法制浆是造纸工业传统的组分分离技术，基本原理是利用化学试剂选择性降解木质素并溶出，半纤维素一般也会发生一定程度的降解，纤维素纤维以固体的形式分离出来，用于造纸和人造纤维等工业。通过制浆过程可得到高分子的纤维素纤维，用于造纸和人造纤维生产，同时可以从制浆废液中回收多种化学品和热能；通过水解、生物转化和其他化学过程（指热化学转化、催化转化、高压液化等化学过程）可转化成低分子化合物，如甲醇、乙醇、糠醛、乙烯、丁二烯、低聚木糖等，可作为燃料、化学品和合成高分子材料的原料；通过热解技术可以得到活性炭、功能碳材料、可燃气和醋液等。

非木质资源，是森林中除木材、木材加工剩余物以外的其他动植物资源的总称，主要包括植物资源、微生物资源和动物资源。林产化学工业利用的非木质资源主要包括植物果实、枝叶、树皮，以及分泌物、提取物等。联合国粮食及农业组织将其统一列入"非木质林产品"范畴，主要成分包括黄酮类化合物、植物多酚、萜类化合物、生物碱、多糖、脂肪酸及其他天然化合物等，经过提取分离或化学加工可得到结构复杂、品种丰富且具有特殊用途和性能的林产化学品，如淀粉、松香、松节油、木本油脂、植物多酚、植物精油、天然色素、生物活性物等产品。

森林是陆地上最大的可再生资源。据联合国粮食及农业组织数据显示，2019年全球森林面积为 40.6 亿 hm^2，我国森林面积为 2.2 亿 hm^2，居全球第 5 位，我国人工林面积居世界首位。根据第九次全国森林资源清查结果，我国森林覆盖率为 23.04%，我国森林植被总生物量为 188.02 亿 t。我国是世界上木本植物资源最丰富的国家之一，木本植物资源多样性丰富、分布广泛、可利用总量巨大。我国已发现 115 科 320 属 8 000 种以上，其中乔木树种 2 000 余种，灌木 6 000 余种，约占全球树种资源种类的 1/3。我国植物资源按用途分为 15 类，其中纤维类 480 余种、种子或果仁含油 40% 以上的油脂类 120 余种、树脂类 40 余种、芳香油类 290 余种、药用类 420 余种、淀粉类 160 余种、蛋白质和氨基酸类 270 余种、维生素类 80 余种、糖与非糖甜味剂类 40 余种、植物色素类 80 余种、鞣料类 280 余种、橡胶与硬橡胶类 30 余种、植物胶与果胶类 160 余种。

（二）林产化学工程

林产化学工程是以木质和非木质林业生物质资源为对象，以林学、木材化学、植物化学、化学工程与技术等方面的知识为理论基础，研究人民生活和国民经济发展所需产品生产过程共同规律的一门应用学科，所形成的加工制造产业称为"林产化学工业"。

传统林产化学工程主要包括以木材热解、制浆造纸、木材水解等为主的木质资源化学加工，以及以松脂、木本油脂、精油、香料、树木寄生昆虫等为主的各类非木质林产资源的加工利用。代表性产品主要有木炭、活性炭、纸浆、松香、单宁、栲胶、糠醛、木本油脂、生漆、木蜡、紫胶等，广泛应用于化工、轻工、能源、材料、食品、医药、饲料、环保和军工等领域。

现代林产化学工程是在传统林产化学加工工程学科基础上，融合木材解聚重组、生物定向转化、微波光电耦合等现代技术，面向新能源、新材料和新医药等新兴产业拓展的交叉学科，是实现我国"碳达峰碳中和"战略目标的重要途径，也是促进我国经济社会绿色发展的重要循环经济产业。

（三）现代林业资源加工利用的特点与意义

现代林业资源加工利用是一个跨行业、跨门类、多产品交叉的行业，以其资源的天然性、可再生性和化学结构特异性等特点，成为继煤、石油、天然气化工之后现代化工行业的重要组成部分。现代林产化学工业与煤化工和石油化工相比，原料结构更为复杂，产品用途更为广泛，除具备化石原料基产品的用途外，还可以加工成食品、医药和饲料等健康产业相关的产品。

20世纪70年代以来，多次石油危机导致全球能源阶段性短缺，大量使用化石资源引发了"温室效应"和环境恶化等问题，引起了世界各国的重视。特别是进入21世纪以来，面对资源、环境等可持续发展问题，"绿色、环保、生态"的低碳可持续发展理念已成为全球共识，是科技革命和产业结构优化升级的主要方向之一。在此背景下，世界化学工业原料正由以石油、煤等化石资源为主向农林生物质等可再生资源不断拓展，生产方式向低碳化、绿色化等方向发展。林产化学工业是满足人类生产与生活的基础性、民生性产业，是森林资源高效可持续利用的重要途径。特别是随着生态文明建设、乡村振兴、健康中国、"碳达峰碳中和"等国家战略不断深入实施，现代林产化学工业在国民经济可持续高质量发展中将发挥越来越重要的作用。

二、历史沿革

（一）历史起源

林业资源加工利用技术随着人类社会生产力的发展而不断进步。人类利用木材烧制木炭，并对树木分泌物与提取物成分进行利用制取生活生产所必需的燃料、食物、药物等的历史久远。琥珀是迄今发现最早的树木分泌物化石，含有不挥发的萜类物质，自新石器时代被发现后，一直为人们所珍视。公元前3000年，美索不达米亚人采用升华、蒸馏、浸渍等方法对松脂进行处理，以及利用植物资源制造革、洗涤剂和香料等。中国古代四大发明之中，火药、造纸术、印刷术都与林业资源利用有关。木炭生产早于公元前 2000 年；我国春秋战国时期开始用木炭作为冶炼材料规模化生产；晋代已有白炭用于医药的记载；木炭是古代黑色火药的主要成分，"一硫二硝三木炭"为人所熟知。据《后汉书》记载，东汉时期蔡伦总结前人经验发明了造纸术，利用树皮等纤维原料制作可供书写的纸张。活字印刷术中使用松香做黏合剂，将胶泥字模黏接固定在底板上。生漆、桐油等自古以来被用于涂刷农具、家具及调制油泥以嵌补木器等，在《王祯农书》《天工开物》和《农政全书》等古籍中有对油脂、油料、古法（木榨和水代法）制油器具的记载；明代《本草纲目》对五倍子和多种木本植物药材的功效有详尽的记述。

（二）近代发展历程

我国近代林产化学工业的发展历程按照时间先后可分为 4 个阶段：萌芽期（1949 年以前）、创立期（1950—1980 年）、发展期（1981—2010 年）、转型期（2011 年至今）。

1. 萌芽形成期（1949 年以前）

长期以来，以森林资源为原料，人们通常采用破碎、提取等方法对木质资源、植物分泌物和提取物等进行简单加工和利用。自 18 世纪 60 年代第一次工业革命至 20 世纪初第二次工业革命完成期间，国外率先在活性炭生产、制浆造纸、木材水解、松香加工、提取物提取等方面实现了工业化。新中国成立以前，我国虽然已经开始了零星的林产化学工程的研究工作，但林产化学工业基本处于空白状态，大多是简单粗放的加工。林产化学加工工程可以追溯到我国近代林学和林业的开拓者梁希先生提出的森林化学，1933 年他在南京国立中央大学创建了森林化学室。

2. 创立成长期（1950—1980 年）

新中国成立后，我国开始了以松脂化学、木材水解、木材热解、植物有效成分提取为主要方向的林产化学加工利用研究，初步形成了以松香、木炭和活性炭、糠醛、栲胶等为主的林产化学工业。改革开放前，林产化学工业产业体系基本形成。1951 年，以木屑为原料采用反射炉闷烧法生产粉状活性炭的工厂在青岛建成，1957 年我国第一个氯化锌法活性炭生产车间在上海建成。到 20 世纪 70 年代末，我国活性炭年产量由 50 年代的 30 t 左右逐渐增加到万吨以上。木材水解工业方面，1958 年，我国从苏联引进植物纤维水解技术及设备，在黑龙江省伊春市建立南岔木材水解厂，是我国第一家以木材加工剩余物为原料生产工业酒精、饲料酵母的林产化工企业。1949—1957 年，造纸工业作为轻工业建设的重点之一，提出了"以木为主，以草为辅，要注意利用草类、竹类植物纤维"的原料方针，得到了迅速发展。1979 年，中国纸和纸板产量达到 519 万 t，其中木浆产量 102.3 万 t，占比为 22.67%。

松脂、栲胶、五倍子单宁、天然色素等非木质资源利用逐步发展。1952 年，广西梧州松脂厂开始生产并出口机制松香，松脂加工由早期的间歇蒸汽法发展到 20 世纪 70 年代的连续化生产技术，并研发了聚合松香、歧化松香、马来松香、氢化松香等深加工产品。1956 年，云南昆明建设了第一家紫胶厂，20 世纪 60 年代紫胶厂逐渐发展到广西、四川等地。20 世纪 50 年代末，我国开始杜仲叶的加工利用，60 年代研制了冷杉胶，70 年代开展了桃胶的加工利用。同时，我国食用天然色素和植物精油的研究与开发应用也得到了较快发展，年总产量达万吨以上。随着制革工业的快速发展，以落叶松、毛杨梅、余甘子、橡椀、黑荆树、木麻黄等为原料的栲胶工业得到发展，全国栲胶年总产量增加到 2 万 t 以上。

3. 快速发展期（1981—2010 年）

20 世纪 80 年代到 21 世纪初，随着改革开放深化，我国工业化进程加速，林产化学工业也进入快速发展壮大时期。林产化学品种类不断丰富，产业门类越发齐全、规模不断扩大。活性炭作为具有较强吸附能力的吸附剂，在食品、化工和环保等行业的应用不断扩展，产业发展迅速，生产方法发展到管式炉、转炉等多种生产炉型和生产工艺。我国木质活性炭产量于 20 世纪 90 年代末达到 20 万 t 左右，产品发展到数十个牌号，产量与出口量均居世界第一。20 世纪 80 年代以后，我国建成了多家木质纤维原料水解工厂，形成了以糠醛、木糖、木糖醇为主，以酒精、乙酰丙酸、饲料酵母等为辅的植物纤维化学水解系列产品，我国也成为糠醛和糠醇的生产与出口大国。1998 年，我国糠醛产量 11.29 万 t，其中出口 5.65 万 t，糠醇产量 3.38 万 t。20 世纪 80 年代，我国提出"林纸结合"战略以来，木材制浆产业得到迅速发展。1999 年，我国木浆产量达到 234 万 t，2010 年达到 716 万 t。

我国松香、活性炭、糠醛、糠醇、栲胶、单宁及其深加工等产品的产量跃居世界前列。松香产业开发了松香类表面活性剂、杀虫增效剂、润滑剂以及无色浅色松香等各种精深加工系列产品；松节油的应用也从作为溶剂或稀释剂发展为合成名贵香料和杀虫剂的原料。20 世纪 90 年代起，我国松香、松节油深加工产品开始实现出口，松香年产量达到 40 万 t 以上，松节油年产量 5 万 t 以上，我国成为脂松香生产和出口第一大国，占全世界产量的 60% 以上。20 世纪 80 年代以来，我国食用天然色素、天然精油等资源得到进一步开发利用，年总产量达到数万吨。批准使用的天然色素品种增加到 40 多种，其中约 20 种从林产资源中提取。我国植物提取物产业在 20 世纪 80 年代开始迎来较大的发展，如江苏邳州及附近区域形成了百吨级规模银杏提取物及较大规模银杏叶加工的产业体系。全国多地建设了各种松针加工厂，生产松针叶绿素、生物活性饲料添加剂，国内相继开发出桉叶油、黄酮、绞股蓝总苷、沙棘油、紫杉醇、黄连素、喜树碱等一系列植物提取物功能产品。

4. 转型升级期（2011 年至今）

进入 21 世纪以来，尤其是 2010 年中国成为世界第二大经济体后，人们对社会生态环境和生活条件有了新的更高的需求。随着国内经济高速发展与科学技术进步，工业领域内各行业的交叉融合呈现加速现象，传统林产化学工业向新能源、新材料、新医药等战略新兴产业不断拓展，林产化学工业整体技术水平不断进步，进入转型升级期。活性炭生产规模不断扩大，2019 年我国木质活性炭产量超 30 万 t，研发出脱硫脱硝脱汞、车用燃油挥发控制、超大容量储能、碳基高效催化剂等数十种高性能专用产品。2020 年，中国纸和纸板产量达到 11 260 万 t，其中木浆产量 1 490 万 t；针对木材剩余物材性差异大等问题，研发了低等级混合材高得率清洁制浆关键技术和核心装备，实现了技术与装备的国产化。21 世纪以来，我国生物质能源发展取得了长足进步，创新形成了废弃油脂化学和生物法转化生物柴油技术，纤维素制乙醇、丁醇技术等多项成果；开发了适用于不同原料、不同用途的多联产生物质热解气化新技术；创制了分布式利用的居民供气（100～1 000 户）、工业供热（1～10 MW）、燃气发电（200～3 000 kW）等生物质热解气化成套装置。生物柴油和燃料乙醇生产规模不断扩大，2020 年我国生物柴油产量约为 128 万 t。木质纤维素生物转化生产丁醇、丁二酸、乳酸、富马酸、聚羟基脂肪酸酯（PHA）等生物基化学品的研究取得了重要进展，并建立了中试生产线。我国生物基热固性树脂、生物基功能材料、生物基纳米材料、生物基仿生材料、生物基木材胶黏剂等生物基材料制备技术与国际发展基本同步。

三、发展现状

现代林业资源加工利用的经济领域主要体现在 6 个方面：能源化、材料化、药食化、饲料化、肥料化和基料化。实际应用中，各领域相互交叉，是现代林业资源加工利用关注的热点。

林业生物质资源可通过物理、化学、热化学、生物化学等途径制备气态、液态和固态能源产品，以及产生电和热能。生物质能源化具有可再生性、碳平衡以及化石燃料替代性等特征，开发和应用生物质能源是实现"碳达峰碳中和"战略目标的有效途径之一，符合可持续的科学发展观和循环经济的理念。目前，规模化利用的生物质能源产品主要包括生物质发电、生物质固体成型燃料、生物燃气、生物质液体燃料等。

材料化主要是利用林业生物质原料（纤维类、淀粉类、油脂类资源等），通过物理、化学以及生物等方法制造新型功能材料，包括先进碳材料（储能、催化和高端吸附碳材料）、可降解材料（淀粉基可降解材料、木质纤维基可降解材料、生物塑料等）、生物质热固性树脂（酚醛树脂、环氧树脂、聚氨酯等）、生物基木材胶黏剂、结构材料、纳米材料（纳米纤维素、纳米甲壳素等）、仿生材料、医用材料等生物基功能材料，具有原料可再生、低碳、环境友好等优势。

林源提取物是采用水蒸气蒸馏、萃取等单元操作，从林产资源中提取得到的天然活性物质，是森林植物防御外界影响和调节自身生命活动过程的次生代谢物，主要包括黄酮类、生物碱类、萜类、挥发油、醌类、苷类等。部分林源提取物具有增强机体免疫力、抗菌抑菌能力和改善动物肠道健康的生物活性，是优良的功能性食品添加剂和饲用抗生素替代品，可用于日化产品、医药保健品、食品和饲料添加剂、生物农药、香精香料等领域。传统的林源提取物生产技术主要以水蒸气蒸馏法和溶剂法为主。20 世纪 80 年代以来，我国林源提取物产业逐渐发展壮大，超临界流体萃取、酶辅助提取、负压空化提取、高速均质提取等高效绿色提取技术逐步得到应用。

另外，利用林业生物质资源，以及能源化、材料化、药食化或饲料化生产过程中产生的剩余物资源作为肥料应用于有机肥及土壤改良剂，或作为基料应用于食用菌开发，也是现代林业资源加工利用产业化应用中的热点。

四、发展趋势

（一）原始基础创新研究为导向，面向绿色化、功能化和高端化产品创制的理论研究和方法创新成为热点

以重视基础研究、突出原始创新为导向，面向绿色化、功能化和高端化产品生产关键技术的理论研究和方法创新，将为林产化工行业的快速、健康、可持续发展奠定基础。重点加强多尺度细胞壁壁层结构、化学组分布解译以及分子结构解析，木材组分绿色精准拆解机制与方法、木材大分子结构组装与调控、生物基材料功能化修饰与构筑、木材热化学定向解聚与固碳机制、木质纤维素降解酶分子作用机制与改造策略、重要次生代谢物代谢途径解析以及绿色化学合成及合成生物学等研究。

加强技术创新，突出绿色、低碳、高效，林产资源全质、高效、高值利用，生产过程清洁节能，是林产化学工业高质量发展的必然趋势。进一步加强活性炭绿色生产与再生利用、低能耗清洁高效制浆过程，以及林业"三剩物"的能源化、材料化、饲料化、肥料化等资源化综合利用关键技术研究和开发，突破生物质全组分热化学可控转化、生物质组分定向解聚高效催化转化、木质纤维原料绿色改性及功能化等核心技术，构筑先进的林产化学工业低碳技术体系，将大幅提升资源综合利用效率和生物基低碳产品供给能力，为产业高质量发展提供全面支撑。

（二）面向人民身体健康与大食物观的重大需求，药、食、饲用林产品精深加工利用成为林产化学工程发展的重要方向

面向健康中国的重大需求，药、食、饲用林产品加工利用成为林产化学工业发展的重要方向。林业资源种类丰富，功能活性成分多样，充分挖掘和利用林产资源中蕴含的天然活性物质，是发展林源药物、森林功能食品和保健品等大健康产业的

基础。建立用于活性成分筛选与构效评价的平台，揭示活性物的挖掘、富集与作用规律，突破绿色高效提取、高效分离纯化、活性成分稳定保护、功能协同增效等关键技术，创制新型药、食、饲用森林功能产品、食品、加工副产物综合利用等新技术与新模式，将增强高品质、多功能、绿色林产品供给能力。

（三）构建生物合成和生物转化技术支撑的特色生物经济产业体系，成为未来林产化学工程的重要方向

生物技术在林产化学工业中的应用，将有助于建立我国新兴林业生物经济产业体系，构建绿色、低碳、循环发展新模式。面向生物醇类/酯类燃料、生物基化学品、植物功能糖、林源药物等产品的生物转化，选育和构建高效、耐热、耐酸（碱）的木质纤维素降解酶合成和基于特定目标产品高效转化的微生物新菌株及工程菌株，构建基于化工过程与生物过程嵌合的木质纤维素多联产集成技术，解析重要次生代谢物代谢网络及调控节点，建立月桂醇、松脂酚、香兰素及稀有糖等次生代谢物生产的细胞工厂，是林产资源生物活性加工研究与产业化的重要方向。

（四）林业生物基功能材料与化学品成为林产化学产品创制的重要内容

面向低碳环保和新型功能性材料的重大需求，林业生物基功能材料与化学品已经成为现代林产化学工业的重要发展方向，将有助于推动林业生物质战略性新兴产业发展。通过创新和拓展技术链、延长产业链等方式进行产业体系的深度调整和创新，形成环境友好型、产品安全型发展模式。重点开发可回收利用的生物基材料、先进生物基功能材料、生物基电子化学品、功能型生物基精细化学品、低成本的生物可降解塑料等新产品和新技术，储能材料、高性能纤维及复合材料、生物医用材料、智能与仿生材料、增材制造以及大宗生物基工业材料等，也是未来的发展方向。

（五）多学科深度交叉融合成为林产化学工程技术发展趋势

现代林产化学工程将向多学科深度交叉融合方向发展，构建全新的跨界融合的技术创新体系成为未来林产化工产业高质量发展的必然要求。跨界融合创新将引发新学科前沿、新科技领域和新经济业态产生，并将推动新型跨界融合科技创新技术体系的构建。传统的林产化学加工工程学科将不断地与林学、能源科学、高分子化学、食品科学、生物技术等学科深度交叉融合，技术的融合有望带来产业的变革性发展，如微波辐射技术、超临界流体技术、等离子体技术、超声技术、膜过程耦合技术、微化工技术等高新技术，将为林产资源的加工利用发展带来新的活力。

作者简介

蒋剑春，男，1955 年生，中国工程院院士，中国林业科学研究院林产化学工业研究所研究员、博士生导师，林业工程专家，我国林产化工学科带头人。曾任中国林业科学研究院林产化学工业研究所所长兼党委书记，现任中国林学会第十二届理事会副理事长、中国林学会林产化学化工分会理事长、国家林产化学工程技术研究中心主任、生物基材料产业技术创新战略联盟理事长、生物质能源产业技术创新战略联盟副理事长、中国林产工业协会副会长。长期致力于农林生物质热化学转化的应用基础和产业化研究，主要包括活性炭材料制备、生物质热解气化、生物质催化液化、生物质化学转化制备精细化学品等。获得国家科学技术进步奖 4 项，中国专利优秀奖 1 项，省部级奖励 10 项。发表论文 400 多篇，授权发明专利近百件。研究成果推动了我国林产化工技术水平和国际地位，为我国林业产业的发展作出了突出贡献。

特邀
学术报告

关于梁希的林业思想

赵树丛

（中国林学会理事长）

梁希先生是近代林业的百年大家，是新中国的首任林业部长，是新中国林业的奠基人，也是中国林政体系的缔造者。在他长达 45 年的林业生涯中，有许多经典的文章、报告、讲话，深刻地阐述了人与自然、保护与发展、环境与民生等之间的关系，所体现的林业思想与习近平生态文明思想高度契合，也是我们发展林业的优秀基因。下面，我尽可能地引用梁希先生的原话，从 8 个方面谈谈对他的林业思想的理解和认识。

一、"国无森林，民不聊生"的思想

可简述为梁希的民生林业思想。

梁希出生于 19 世纪末清政府摇摇欲坠的时期，青少年是在中华民族的觉醒年代度过的。那时，社会贤达有识之士都在觉醒呼唤，追寻救国救民的知识道理。受同乡同盟会元老陈其美的影响，梁希加入了同盟会，并到日本学习海军。后来，陈其美讨伐袁世凯失败并被暗杀，梁希武装救国的理想破灭。1913 年，梁希进入东京帝国大学农学部林科攻读林产制造和森林利用学，走上了科学救国的道路，也为他的

---

* 2022 年 11 月，在浙江湖州举办的梁希科学技术奖颁奖大会暨首届梁希大讲堂上作的主旨报告。

林业思想奠定了基础。

中国林学会的前身是中华森林会，是凌道扬、陈嵘等在 1917 年 2 月创办的，后因经费问题停办。1928 年，姚传法、凌道扬发起恢复中华林学会；同年 8 月 24 日中华林学会成立，姚传法为理事长，凌道扬、陈嵘、梁希等人为理事。1929 年，中华林学会会刊《林学》创刊，梁希发表文章《民生问题与森林》。他从人类文明史的观念出发，指出"森林是人类的发祥地。"他用林业科学特别是林产化学的科学知识，警示"人的衣食住行都靠着森林"，发出了"国无森林，民不聊生"的惊呼。此后，为民生护林，为民生造林，为民生管林，为民生用林，成为他毕生的追求。

二、治水先治山的思想

这是梁希关于森林与其他陆地生态系统关系，以及林业在国民经济可持续发展中地位的思想，也就是我们常说的生态林业。

梁希认为，有森林才有水利，有水利才有农田。他指出："万山皆有甘泉，森林就是水库"。担任林业部长后，梁希把治山治水一同规划，著名的小陇山林业故事，就是他生态林业思想的集中体现。"黄河流碧水，赤地变青山"，也是他的理想。在新中国成立时，他向周恩来总理力陈设立林垦部，也表明了他对林业、水利、农业之间密不可分关系的深刻认识。直到现在，浙江省杭州市还有林水局的机构。

习近平总书记指出，山水林田湖草是生命共同体。人的命脉在田，田的命脉在水，水的命脉在山，山的命脉在土，土的命脉在树和草。2022 年，参加首都义务植树时他又强调，森林是水库、粮库、钱库、碳库。毫无疑问，森林是陆地生态问题最关键的要素。

三、用辩证唯物主义看待森林的思想

梁希在青年时期就是一位爱国主义者。抗日战争期间，跟随国立中央大学搬迁到重庆后，在周恩来的直接关心下他接受了马克思主义，而且很快就在思想上有了建树。1941 年，他用"一丁"的笔名，发表了《用唯物论辩证法观察森林》一文，标志着他的马克思主义认识论的成熟。他认为"林学是由森林而生""自然界不受原理支配""自然界和自然整体是完全可以认识的"。担任林业部部长后，在制定林业规划、颁布林业政策、指导林业工作中，他总是坚持马克思主义哲学为指导。这是他林政思想的体现，也是新中国成立后林业面貌焕然一新的最主要因素。

四、树木先树人的思想

中国的近代林业是从梁希这一批林学家开始的：韩安，1911 年毕业于美国密西根大学农林专业，获得林学硕士学位，次年回国；凌道扬，1914 年在耶鲁大学获林科硕士，当年回国。他们都先后进入大学任教，近代林学教育自此开端。但直到新中国成立，我国仍然没有一所独立的林业高等院校。

梁希主政林业部的第一个难题就是人才奇缺。为此，他办了 3 件事：第一，1950 年在北京西山大觉寺办起了全国林业干部训练班，也就是现在国家林业和草原局干部管理学院的前身；第二，向周总理、陈云同志报告，创办了北京、南京、东北 3 所林业高校，直属林业部领导；第三，在林业部成立了教育司，统抓全国的林业干部教育培训。梁希还亲自到北京给高中生做报告，向他们介绍林学和林业。

到了梁希去世的 1958 年，全国已经有了独立的林业高校 11 所，设在农学院中的林学专业 19 个，在校学生 3 万多人。如今，据 2021 年统计数据，包括中职、高职、本科及以上的林学专业学生达到了 133 万人。

五、人民的林业的思想

这是梁希历史唯物主义思想在林业治理中的体现，也是他对新中国林业权属性质的定位。

梁希认为："新中国的江山是人民的，人民的江山要人民来管，人民的林业要人民来保护，人民的树要人民在栽培。"1951年，他为《中国林业》杂志撰写文章——《新中国的林业》，指出"林业是离不开群众的。从栽植，成长以至采伐，始终与群众的血汗关联。如果不依靠群众而要搞好林业建设，那是不可想象的事。"他提出："要依靠群众护林，特别是防火和救火。"他还举例说，1950年山火损失较1949年减少了35%，连鄂伦春族烧荒的习惯都改变过来了，这都是依靠群众的结果。

他提出了要依靠群众造林，依靠群众采伐。他认为林业有四大任务：护林、造林、森林经理、森林利用。而道路只有一条，就是群众路线。他认为林业是最适合社会性的，因为林业是长周期的："我所种者未必由我所收，而我所收者未必是我所种。它，或者是前任所植，或者是大自然留下来的产物。"

梁希人民林业的思想还特别体现在寄希望于青年。他认为："青年象征着一年的早春、一日的早晨，象征着万山的苗、万木的梢。""青年造林""造青年林"，可以绿化中国的山，可以绿化人们的心。1956年，遵照毛主席绿化祖国的愿望，党中央决定在12年内绿化一切可能绿化的荒山荒地。梁希和当时共青团中央书记胡耀邦密切合作，并亲自为《中国青年》杂志撰文祝贺五省（自治区）青年造林大会召开。他寄望在青年的努力下，实现"黄河流碧水，赤地变青山"的多年梦想。

1956年开始，青年造林成为全国的一道风景线。1960年初，胡耀邦到山东垦利，也就是现在的东营市，与青年团共同植树，留下了"青年干得欢，大战渤海滩，造起万顷林，木材堆成山。"的激情诗句。直到现在，全国各地仍有青年林、共青林、红领巾林。

六、让科学为人民大众服务的思想

梁希是一位大科学家，但他始终关注科学知识的普及。1916 年，梁希自日本回国后，第二年就参与了中华森林会的创建，1928 年又推动了中华林学会的恢复建设，1931 年任中华林学会第三届理事，1933 年任中华农学会会长。1941 年，在周恩来的帮助下，中国科学工作者协会在重庆成立，梁希积极加入。中国的民主党派——九三学社，就是在自然科学座谈会和中国科学工作者协会的基础上建立的，许德珩、梁希是九三学社的创始人。1950 年 8 月，他又发起成立了全国科学技术普及协会，并担任首届主席。1958 年，全国科学技术普及协会和中华全国自然科学专门学会联合会合并成立中国科学技术协会，李四光为首任主席，梁希是副主席。

他始终认为科学是大众的，科学家应该把它还给大众，"把科学技术普及给劳动人民，才可使科学力量和实践相结合，和生产相结合，才可使我国的科学技术迅速走上世界先进水平"。梁希书写一生，一大批著作都是科普文章。他当林业部长期间，周恩来总理交代他要写文章，几乎每一次讲话，都有科普的内容。他曾写过一篇《农民需要科学翻身》的文章。他说："现在是毛泽东时代的农民了，政治翻了身，经济翻了身，文化上也正在翻身，今后还要科学翻身。"他要求科技工作者"凡对农民生活及生产有益的科学知识、科学道理、科学成就，科学家（包括农学家）要尽量地写出来，要写的（得）浅近，写的（得）简净，写的（得）显明，要叫农民读了容易懂，要叫农民读了忘记忧愁和懒惰（马雅可夫斯基语）。"

七、把国土绘成丹青的思想

把国土绘成丹青的思想也是如今美丽中国的思想。梁希先生不仅传播了新的林业科学理论，提出了全面发展林业的思想，还用自己的实际行动，号召人们植树造林，装点祖国大好河山，建设山川秀美的新中国。

梁希在长期与大自然零距离接触的实践中，形成了对自然生态的独特审美。早在 1929 年，他在《西湖可以无森林乎》中就描绘了一幅人与自然和谐共融的生态美景："春水红船，境如天上；秋山黄叶，人入画中。"他认为，西湖之美根本在于西湖的生态环境，在于西湖丰富的森林资源。后来，他在推动新中国的林业建设时，提出要："无山不绿，有水皆清，四时花香，万壑鸟鸣，替河山装成锦绣，把国土绘成丹青，新中国的林人，同时是新中国的艺人。"这个美好的愿景多年来一直为人津津乐道，成为全国林业界人士向往的奋斗目标。

梁希先生不仅树立了绿化祖国的远大目标，还找到了实现目标的具体途径：栽培农艺化，抚育园艺化。他希望按照"工厂如花园，城市如公园，乡村如林园"的建设模式，把中国 960 万 km^2 的国土建成一个大公园，让全国人民都在自己建造的大公园里工作、学习、锻炼、休息，快乐地生活。

梁希先生的林业梦与美丽中国梦高度契合。习近平总书记强调："要让子孙后代既能享有丰富的物质财富，又能要看星空、看见青山、闻到花香。"他同时指出："植树造林是实现天蓝、地绿、水净的重要途径，是最普惠的民生工程。"在建设美丽中国的使命召唤下，林业工作者不仅是呵护一草一木的造林人，更是装点祖国锦绣河山的艺术家。

八、林政独立管理的思想

林业在历史上曾与农业、牧业、渔业等一起包含在大农业当中，林学也一直被包含于农学之中。1916 年，凌道扬主张林学与农学分立，林学由此有了独立发展的地位。梁希提出成立林垦部，使得林政管理有了独立合法的机构，开创了中国林业发展的新纪元。他们都是近代林学和林业发展史上具有分水岭意义的关键人物。

其实，梁希很早就非常重视林政管理，曾经形象地把中国林业比喻成"一个无衣无食无业无纪律无教育的野孩子"，林政管理就在于教育这野孩子。梁希认为林业不能专归商人经营，也不能专靠老百姓务农之余顺便干干，更不能和垦殖园艺混为一谈，"要独立，要专管，丝毫苟且不得"。总之，政府要负起责任来。

1949 年，林垦部成立。在北京东城区米市大街无量大人胡同的一个小四合院门口，挂起了"中央人民政府林垦部"的大牌子。这里既是宿舍又是办公室，部长梁希、副部长李范五和其他干部们共 12 人住在一起。梁希高兴地说："院子虽小，能装三山五岳；房舍简陋，可装下五湖四海。我们在这里就可以研究中国林业的方针大计，小屋就是个起点。"从此，中国绿色的面积从这里一寸一寸向外，向黄河两岸、向长城内外、向荒山沙地、向辽阔国土的每一个角落。

1949—1958 年短短 9 年中，梁希领导新中国林业在一穷二白的基础上，构建了林业管理组织机构，完成了林业基础普查，确立了林业发展方针，取得了显著的经济效益和社会效益，为新中国林业建设指明了方向，奠定了良好的基础。

今天的林业和梁希时代的林业大不相同了。中国的林业产业总产值超过 8 万亿元，森林覆盖率达到了 24.02%，森林蓄积量达到了 194.93 亿 m^3，成为全世界森林资源增长最快最多的国家。绿色和生态已经成为老百姓追求幸福生活的新期待、新需求，习近平总书记提出的"绿水青山就是金山银山"，已经成为全社会的共识并且逐步变成现实。但是，我们仍要学习他"天天不懈打林钟"的林业情怀，学习他"识定如胶跟党走"的坚定信念，实现他"黄河流碧水，赤地变青山"的美好遗愿，为推动建设人与自然和谐共生的中国式现代化贡献智慧和力量。

作者简介

赵树丛，男，1955 年生，原国家林业局党组书记、局长，现任中国林学会理事长。曾在山东医学院从教工作十年，后在山东、安徽做过县、市、省的政府领导工作。2011—2015 年任国家林业局副局长、局长。

他先后在《人民日报》《求是》《学习时报》《经济日报》《光明日报》《领导科学》《中国绿色时报》等报刊就林业与生态、林业改革、农村农业经济管理、生态林业民生林业、医药卫生改革发表过多篇文章。多次参加中美战略对话、亚太林业部长级会议。2015 年，被自然基金会授予自然保护领导者卓越贡献奖。

高质量推进我国国家公园体系建设

李 冰

（国家林业和草原局林场种苗司司长）

2021 年 10 月 12 日，习近平总书记在《生物多样性公约》第十五次缔约方大会领导人峰会上发表主旨讲话，宣布中国正式设立三江源、大熊猫、东北虎豹、海南热带雨林、武夷山等第一批国家公园。这标志着我国生态文明领域又一重大制度创新落地生根，国家公园由试点转向建设新阶段。笔者近年来一直从事国家公园相关工作，有很多直观感受。本文从实践的角度对我国国家公园体系的前世、今生和未来进行了梳理和思考，主要回答 3 个问题，即为什么要建设国家公园？建设什么样的国家公园？怎么建设国家公园？不妥之处请批评指正。

一、为什么要建设国家公园

"国家公园"是一个舶来词，在世界上已经有 150 年的发展历史。美国设立了世界上第一个国家公园——黄石国家公园，开启了世界国家公园的建设历程。此后，加拿大、英国、新西兰、澳大利亚、德国、日本、韩国等发达国家都纷纷开始设立国家公园。目前，全球各国的国家公园数量已发展到近 6 000 个，总面积 604.8 万 km²，占全球保护地面积的 5.3%，占全球国土面积的 3.7%。从国际角度来看，各个国家设

---

* 2022 年 4 月，在第 4 期北京林业大学经济管理学院经管讲坛上作的特邀报告。

立国家公园的目的是一致的，最主要的目的就是加强自然生态保护，为人类留下珍贵的自然遗产。

（一）全球主要国家公园经验参考

美国是世界上最早建立国家公园管理机构的国家之一。1916 年，美国国家公园服务局成立；美国现有 63 个国家公园，总面积约 23 万 km²，占国土面积的 2.5%。美国国家公园管理体制实行自上而下、垂直管理，各级事权清晰；有完善的国家公园法律法规系统，由基本法、专项法、部门规章、政策、指南等组成；还实行园警制度，开展执法。

新西兰现有 13 个国家公园，总面积 2.7 万 km²，占国土面积的 10.1%。新西兰的国家公园在管理体制上与美国相同，自上而下，垂直管理；法律法规体系包括《保护法》《国家公园法》以及总体政策、法定保护管理战略和管理规划，还发布了政府一般性政策和保护部部长令等。新西兰注重保护原住居民在国家公园中的合法地位，尊重和保障社区权益，建立了多方参与机制。

澳大利亚国家公园局隶属于澳大利亚环境和能源部，依法负责保护和管理澳大利亚的 6 个国家公园和 59 个海洋保护区，保护地总面积 283 万 km²，占国土面积的 36.8%。按照管理模式可分为公园局与当地联合管理、公园局独立管理两类，采取局长 / 局长助理—司局—处的 3 级管理结构，共有雇员 372 人。重点工作是加强土地和生态系统的可恢复性、推动传统所有者参与国家公园发展、提高国家公园对游客的吸引力。

韩国国家公园始建于 1967 年，现有 22 个国家公园，累计面积 6 726km²，占韩国国土的 4%。韩国设有国家公园管理公团，隶属于环保部，是韩国唯一的国家公园专业管理机构。除了汉拿山国家公园由所在地政府自治管理，其他 21 个国家公园均由韩国国家公园管理公团垂直管理。《自然公园法》是韩国国家公园管理方面重要的法律依据。韩国国家公园主要管理目标是资源的保护与管理、社区的可持续发展、公众的休闲游憩。

以上这些发达国家，还包括一些发展中国家，建设国家公园的原因主要是，在经济高速发展时期，面临着资源约束趋紧、环境污染严重和生态系统退化等问题，必须通过划建国家公园，实现生态系统质量和稳定性的提高。以上这些经验是我国考虑建设国家公园时的重要参考。

（二）我国建设国家公园的必要性

1. 深化生态文明体制改革需要

党的十八大以来，以习近平同志为核心的党中央以前所未有的力度抓生态文明建设，从思想、法律、体制、组织、作风上全面发力，全方位、全地域、全过程加强生态环境保护，开展一系列根本性、开创性、长远性工作，全党全国推动绿色发展的自觉性和主动性显著增强，美丽中国建设迈出重大步伐，我国生态环境保护发生历史性、转折性、全局性变化。其中，国家公园是中国生态文明建设的窗口，要将其打造成美丽中国的靓丽名片。建立国家公园体制是以习近平同志为核心的党中央站在实现中华民族伟大复兴和永续发展的高度作出的重大战略决策，是党的十八届三中全会提出的重点改革任务，也是《生态文明体制改革总体方案》的主要内容。也就是说，建立国家公园体制，是中央经过深入研究后作出的重大决策，是一项必须完成的政治任务。

习近平总书记高度重视国家公园工作，亲自谋划、部署、推动，亲自主持审定一系列重要文件，并多次作出重要指示批示。他特别强调，中国实行国家公园体制，是推进自然生态保护、建设美丽中国、促进人与自然和谐共生的一项重要举措，目的是保持自然生态系统的原真性和完整性，保护生物多样性，保护生态安全屏障，给子孙后代留下珍贵的自然资产。仅 2021 年，习近平总书记就 6 次提到国家公园，足见中央的重视和关注。2022 年 4 月 11 日，习近平总书记在海南热带雨林国家公园考察时又再次强调，海南热带雨林国家公园建设是重中之重。习近平总书记的重要论述赋予了国家公园鲜明的时代精神、理论内涵和实践特色，为国家公园建设提供了方向指引和根本遵循，也要求各级有关部门必须从讲政治的高度，从践行两个维护、牢记国之大者的高度，从贯彻落实习近平生态文明思想的高度，扛起责任，完成好国家公园这张答卷。

2. 我国生态保护形势的需要

长期以来，由于经济快速发展、人口较快增长以及缺乏科学合理的土地利用政策，我国天然林面积减少、湿地萎缩、草地退化，野生动物栖息地和野生植物原生境受到严重干扰、蚕食、割裂和破坏，栖息地孤岛化、片段化和功能退化等问题严重，从而造成野生动植物种群隔离、基因交流阻断、遗传多样性丧失。根据全国野生动植物资源调查结果，88% 的野生动物种群受到栖息地干扰、缩减、割裂、退化等威胁，79% 的野生植物种群受到不同程度的采集、放牧、开荒、工矿开发、工程建设等干扰。这种严峻的生态保护形势要求我们必须建设国家公园，实行最严格的保护，只有这样才能遏制生态系统退化，进而形成生态系统的正向演替。

3. 优化自然保护体制的需要

我国之前主要实行的是保护区体制。1956 年，我国建立了第一个自然保护区，后逐步建立了森林公园、风景名胜区等 10 余类其他类型的保护地。截至 2020 年，我国拥有各级各类自然保护地 9 190 处，总面积 185.35 万 km^2，基本覆盖了绝大多数重要的自然生态系统和自然遗产资源，为保护自然生态系统和生物多样性发挥了重要作用。但是受原有自然资源管理体系影响，我国自然保护缺乏统一协调的顶层设计，各部门根据自身职能分别设立，导致全国自然保护地分类体系不科学、不系统，功能定位不明确、不协调。全国 49.8% 的自然保护地存在空间交叉重叠、多头管理、碎片化和孤岛化问题，部分地区还存在保护空缺现象。例如，福建武夷山，它既是森林公园、风景名胜区，又是自然保护区，一地三牌，保护区还是在毗邻的福建、江西武夷山分别设立；大熊猫国家公园设立之前，原地存在 69 个保护地，栖息地连通性不强，导致野生大熊猫种群隔离、缺少交流。因此，必须通过改革创立新的体制，来打破这种"九龙治水"的局面，不仅要把最应该保护的地方都保护起来，而且要保护好。

4. 维护国家生态安全的需要

生态安全关乎国家安全，习近平总书记在 2016 年听取国家林业局汇报森林生态安全工作后，要求着力建设国家公园。长期以来，我国在生态屏障区域、大江大河源头、重点生态功能区这些影响国家生态安全的重要区域，保护力度不够。例如，三江源作为中华水塔、生态屏障，1996 年才设立可可西里保护区。过去对其更多是抢救性保护，现在要对生态安全重要区域实现预期性保护。这些区域生态脆弱，一旦遭到破坏，影响范围不仅限于青藏高原，还会导致包括下游很多地区的用水都会有困难，对水安全甚至国家安全都有影响，所以必须通过建设国家公园提高三江源的保护等级。《建立国家公园体制总体方案》中明确提到国家公园在维护国家生态安全中居于首要地位。

5. 增加高品质生态产品供给的需要

习近平总书记多次强调，绿水青山就是金山银山。如今，中国特色社会主义已进入新时代，我国社会主要矛盾已经转化为人民日益增长的美好生活需要和不平衡不充分的发展之间的矛盾，既要创造更多的物质财富和精神财富以满足人民日益增长的美好生活需要，也要提供更多优质生态产品以满足人民日益增长的优美生态环境需要。国家公园是最美国土，具有典型独特的自然生态系统、世界瞩目的野生动植物物种，提供了涵养水源、保持水土、净化空气等多种生态系统服务，以及茶叶、矿泉水等高品质的生态产品，有的还兼具无与伦比的景观文化价值，是优质生态产品的最佳供给地。所以，从"两山转化"的角度，建立国家公园也十分必要。

二、建设什么样的国家公园

对于建设什么样的国家公园，我们进行了深入探索。根据我国实际，把国家公园定义为：以保护具有国家代表性的自然生态系统为主要目的，实现自然资源科学保护和合理利用的特定陆域或海域，是我国自然生态系统中最重要、自然景观最独特、自然遗产最精华、生物多样性最富集的部分，保护范围大，生态过程完整，具有全球价值、国家象征，国民认同度高。

（一）我国国家公园发展历程

尽管国际上国家公园的建设经验十分丰富，但由于国情不同，我国不能照搬照抄他国经验，对于建设什么样的国家公园，必须结合国情进行深入探索。概括起来，我国国家公园的建设历程可以划分成3个阶段：探索阶段、试点阶段和高质量建设阶段。

1. 探索阶段（2006—2014 年）

2006 年，云南省自行探索国家公园建设并获得了当时国家林业局的支持，但一系列工作和活动还局限在省部级层面，国家级公园建设探索也尚未涉及体制建设，与自然保护地相关的"权、钱"制度并没有发生变化。这个阶段的探索成果并不显著。直到 2013 年 11 月，党的十八届三中全会通过了《中共中央关于全面深化改革若干重大问题的决定》，明确要求"加快生态文明制度建设"，首次提出"建立国家公园体制"，标志着我国开启了国家公园建设的征程。这可以看作国家公园建设的开端。

2. 试点阶段（2015—2021 年）

在这个阶段，国家公园建设之路有了施工图。2015 年 1 月，国家发展和改革委员会等 13 个部委联合印发了《建立国家公园体制试点方案》，明确推进国家公园体制试点；同年 9 月，中共中央、国务院印发了《生态文明体制改革总体方案》，专门定位了国家公园，"加强对重要生态系统的保护和永续利用，改革各部门分头设置自然保护区、风景名胜区、文化自然遗产、地质公园、森林公园等的体制，对上述保护地进行功能重组，合理界定国家公园范围。国家公园实行更严格保护，除不损害生态系统的原住居民生活生产设施改造和自然观光科研教育旅游外，禁止其他开发建设，保护自然生态和自然文化遗产原真性、完整性"；2016 年，共有 9 处国家公园试点通过了试点实施方案；2017 年，中央全面深化改革领导小组发布《建立国家公园体制总体方案》，提出要建立以国家公园为代表的自然保护地体系；同年 10 月，党的十九大报告明确提出："建立以国家公园为主体的自然保护地体系"，进一步提升了国家公园的功能地位。国家公园建设之路在 2017 年正式明朗化，试点的核心任务是体制机制，最重要的是以下 4 个方面：一是建立统一事权、分级管理体制；二是建立资金保障制度；三是完善自然生态系统保护制度；四是构建社区协调发展制度。在此期间，国家公园的有关工作由国家发展和改革委员会牵头，国家林业局主要负责东北虎豹、大熊猫、祁连山 3 个国家公园的建设，组建了国家公园管理办公室，作为临时机构承担相关工作。

2018 年，党和国家机构改革，组建了国家林业和草原局，加挂国家公园管理局牌子，基本实现了在职能部门层面对自然保护地的统一管理，国家公园工作从国家发展和改革委员会正式转到了国家林业和草原局。2019 年，中共中央办公厅、国务院办公厅印发了《关于建立以国家公园为主体的自然保护地体系指导意见》，进一步明确了国家公园在自然保护地体系中的引领作用，10 处国家公园体制试点，试点区涉及 12 个省份；国家林业和草原局也在年中组织了中期评估。2020 年，国家公园体制试点顺利验收，中央机构编制委员会办公室出台《关于国家公园机构设置的指导意见》，明确了中央直管和委托地方代管两种管理模式，以及按照管理局—管理分局两级设置管理机构，此文件与《建立国家公园体制总体方案》《关于建立以国家公园为主体的自然保护地体系指导意见》可以看作顶层设计，国家公园体制建设的"四梁八柱"已经形成，建设什么样的国家公园基本有了大概的初步答案。

3. 高质量发展阶段（2021 年至今）

在完成顶层设计、积累了试点经验之后，国家公园正式设立的基础已经具备，在经历了 10 个月的设立筹备工作后，2021 年 10 月 12 日，习近平总书记在《生物多样性公约》第十五次缔约方大会上宣布，正式设立三江源、大熊猫、东北虎豹、海南热带雨林、武夷山等第一批国家公园，保护面积达到 23 万 km^2，保护对象涵盖了我国陆域近 30% 的国家重点保护野生动植物种类。2022 年 1 月，习近平总书记在2022 年世界经济论坛会议上表示"中国正在建设全世界最大的国家公园体系"，按照成熟一个设立一个的原则，创建与设立有机结合，国家公园建设进入大踏步推进阶段。根据《国家公园空间布局方案》，未来我国应该有 50 个左右的国家公园，总面积约 110 万 km^2，其中国家公园陆域面积占国土陆域总面积的 10%，到 2035 年基本设立完成。

（二）取得的成效

在党中央、国务院的加强领导下，国家林业和草原局会同各有关省（自治区、直辖市）和部门，共同努力、积极探索，国家公园建设取得了明显成效，可归纳为以下 6 个方面：

1. 国家公园制度体系基本形成

一是顶层设计，国家公园制度体系的"四梁八柱"基本完善。二是法律体系，《中华人民共和国国家公园法》《中华人民共和国自然保护地法》都已成型，并制定了《国家公园管理暂行办法》，确保《中华人民共和国国家公园法》正式出台前，管理工作能够平稳有序推进；另外针对具体国家公园的管理，制定了条例和管理办法等。三是规划标准规范，包括 10 个国家公园试点的总体规划已全部完成并印发,《国家公园等自然保护地建设及野生动植物保护重大工程建设规划（2021—2035 年）》以及《国家公园设立规范》等 5 项国家标准也已印发，为管理的规范化、制度化打下了重要基础。四是资金保障，明确了中央层面 3 条资金渠道，即中央预算内投资、中央财政国家公园补助资金、中央财政转移支付。国家公园在试点以来，相关部门累计安排国家公园投入 62.62 亿元，支持国家公园基础设施建设和勘界、自然资源调查监测等工作，初步形成了国家公园建设与管理的财政事权和支出责任划分，并出台了资金管理办法。五是建立了多层有效协调机制，协商黑龙江、吉林、四川、甘肃、陕西、青海 6 省人民政府分别成立了东北虎豹、大熊猫和祁连山国家公园协调工作领导小组，协商海南省建立体制试点共建推进机制，同青海省共建以国家公园为主体的自然保护地体系示范省。2021 年，国家林业和草原局与 5 个正式设立的国家公园所在地方政府建立了联席会议制度和协调推进机制，共同抓好重大事项落实，共同解决交叉重叠、多头管理等问题。

2. 国家公园管理体制初步建立

在中央机构编制委员会办公室的推动下，各地各部门探索了中央政府直接管理、中央和省级政府共同管理、中央委托省级政府管理 3 种模式。其中，东北虎豹试点区实行中央直管，祁连山和大熊猫试点区实行共同管理，三江源等其他试点区实行委托省级政府管理。经一段时间的探索之后，择优选择了中央直管和委托省级政府管理两种模式。按照试点经验，后续成立的国家公园优先考虑以上两种模式。对不跨省的国家公园，像海南热带雨林国家公园，倾向于委托代管；对于跨省的国家公园，倾向于中央直管。另外，各地也探索了国家公园内自然资源统一执法形式，切实加大资源管护力度。例如：青海省依托原森林公安队伍创新组建了国家公园警察总队，开展自然资源环境综合执法；四川省开展保护区联合执法；福建省增设"国家公园监管"执法类别，授权武夷山国家公园行政执法主体资格；等等。

3. 自然生态系统保护成效明显

各国家公园不断加强自然生态系统保护修复，统筹实施生态保护修复工程，抢救性保护珍稀濒危物种，严厉打击破坏野生动植物资源的违法犯罪行为，实现了自然生态系统整体保护修复，有效保护了大熊猫、东北虎、东北豹、海南长臂猿等最具代表性的旗舰物种。例如，三江源国家公园，生态系统退化趋势得到初步遏制，2020年草原综合植被盖度达到61.9%，较2015年提高4.6个百分点，湿地植被盖度稳定在66%左右，藏羚羊、藏原羚、藏野驴数量分别达7万、6万、3.6万头。东北虎豹国家公园建成"天空地"一体化监测体系，智慧化程度最高，该系统为当地养殖黄牛下山、虎豹监测预警提供了有效技术支撑。野生虎豹种群数量明显增加，从试点初期的27只和42只，大幅增加到目前的50只和60只，其中一批雌虎已从俄罗斯跨境在此稳定定居。野生东北虎豹种群恢复基础提高，野生东北虎豹幼崽存活率从试点前的33%提升到目前的50%以上，园区内超过一半区域有虎豹频繁活动。另外，有蹄类种群数量也明显恢复，野生梅花鹿作为东北虎豹的主要食源，在21世纪初几乎消失，目前种群数量已恢复到数千只；野生大熊猫适宜生境面积增加了1.6%，并首次在秦岭主峰和岷山—土地岭、大相岭—峨眉山区域发现了野生大熊猫。海南长臂猿新添2只婴猿，种群数量达到5群36只。武夷山国家公园整治了违法违规茶山。祁连山、神农架、钱江源等试点区开展了森林恢复、湿地保护、廊道建设、矿山修复等工作。这些成绩得到了中央全面深化改革委员会办公室的高度认可。

4. 保护与发展的融合模式更加成熟

国家公园在保护生态的同时，兼顾民生，积极探索人与自然和谐共生的现代化。例如，三江源国家公园将草原保护与精准扶贫对接，设立生态管护岗位，园区

17 211 名牧民"一户一岗"全覆盖，年均获得生态保护补偿 2.16 万元；东北虎豹国家公园启动了一批民生项目，如鼓励黄牛下山，在吉林省汪清县建成集中养殖 1.5 万头黄牛的扶贫基地，规划建设 20 个黑木耳提质增效基地、9 个示范村屯和入口社区建设，并有 70 个牧业小区也在规划建设；祁连山试点区甘肃片区张掖市、武威市组织搬迁核心区和重要生态廊道区域农牧民 266 户 846 人；海南热带雨林国家公园将海南省白沙黎族自治县核心区的 3 个自然村 7 600 亩集体土地，与园区外 5 480 亩国有土地进行置换，通过配套建设食用菌基地、安排护林员等措施，实现了 118 户 498 名原住居民搬迁后年均增收 3 000 元以上。

5. 多方参与机制逐渐完善

一是积极设立以原住居民为主的生态管护公益岗位，已在 10 个试点区设置生态管护岗位 4.43 万个，原住居民就地转为国家公园生态保护主力军。二是广泛开展围绕国家公园的科研合作，例如：科学技术部在东北虎豹国家公园设立了东北虎豹生物多样性国家野外科学观测研究站；大熊猫国家公园开展了大熊猫保护、救护繁育科研攻关；海南省、清华大学分别成立了国家公园研究院；各国家公园与高校、科研院所汇聚了多学科高水平的研究人才，开展了一系列有国际影响力的科研和学术活动。三是大力推进社会志愿服务活动和生态保护合作，其中，三江源、祁连山和海南热带雨林国家公园已经建立了较为完善的志愿服务机制；世界自然基金会和三江源、东北虎豹、大熊猫和神农架等国家公园合作开展了生态廊道建设、管理人员培训、公众参与和环境教育、生物多样性保护、志愿者环保公益活动等；中国绿化基金会也与大熊猫、东北虎豹、祁连山等国家公园建立了生态保护合作关系，连续开展了"熊猫守护者""与虎豹同行""雪豹守护行动"等活动。

6. 国家公园理念日益深入人心

我国国家公园在严格保护生态的同时，也非常注重加强自然教育和共建共享，形成了独特的国家公园文化。国家公园不仅成为传播习近平生态文明思想的重要阵地，也成为严格保护生态的重要标志。第一届国家公园论坛在青海成功举办，向世界讲述了中国自然保护的最新实践，提供了全球生态治理的中国智慧和中国方案；组织开展了大量的新闻发布、科普宣教、政策解读和主题宣传活动，中央主流媒体集中推出系列报道、短视频、公益广告，央视《秘境之眼》《新闻调查》《经济半小时》等栏目对此进行了专题报道。通过成立国家公园生态学校、建立自然教育和科普展示平台等形式，广泛开展自然教育活动。祁连山试点区在西宁市行知小学挂牌成立国家公园生态学校，在黄藏寺管护站挂牌成立国内首个国家公园自然学校，连续开展自然教育活动近 20 场，有 3 200 多人次参与。积极开展国际交流合作，我国东北虎豹国家公园与俄罗斯豹地国家公园、我国大熊猫国家公园与加拿大贾斯珀国家公园和麋鹿岛国家公园都建立了结对合作关系。通过以上这些工作，国家公园的理念、内涵和功能定位逐渐深入人心，而且中国国家公园理念也赢得了国际社会的关注和赞誉。

（三）主要经验和做法

在这几年的工作中，我们坚决执行中央的顶层设计，坚持问题导向，积极履行核心职能，做了大量工作，我们在开展工作的过程中也积累了一些成功做法和宝贵经验，对建设什么样的国家公园有了更深刻的认识。

1. 必须坚持学习践行习近平生态文明思想

将习近平生态文明思想作为国家公园建设的根本遵循和行动指南。在建设国家公园的道路上，我们坚持的最根本一条，就是系统深入学习习近平生态文明思想，并将其贯穿到国家公园政策制度、法律法规、体制机制等工作的全过程和各方面，也确实感受到习近平生态文明思想的伟力。比如，在生态移民搬迁的问题上，一开始我们有过犹豫，是否要让原住居民都搬出核心保护区？两方观点交锋激烈，但按照习近平总书记强调的，要建设人与自然和谐共生的现代化。一些研究也显示，对于某些生态环境脆弱地区，有人类生存活动的生态系统，生物多样性水平反而更高，无人区的生物多样性反而不够丰富。所以在实际管理过程中，我们坚决避免把国家公园打造成无人区。目前，园区内还有 25 万人，核心保护区还有 3.7 万人，原住居民部分生产活动和生活方式会对生态系统造成破坏，在实际管理中通过明确管控措施加以限制，而不是不做任何调查的"一刀切"式地让他们全部搬迁。此外，我们还坚持贯彻了绿水青山就是金山银山，推动国家公园生态效益和经济效益互相转化；坚持良好生态环境是最普惠的民生福祉，全面推进落实保护优先；坚持山水林田湖草是生命共同体，启动了一批综合示范项目，推动生态系统功能整体性提升；坚持用最严格制度、最严密法制保护生态环境，国家公园的法律体系日趋完善，执法更加严格。

2. 必须坚持最严格保护

持续加大生态系统保护修复力度。国家公园建设的首要任务是保护自然生态系统的原真性和完整性，实行最严格的保护。一是国家公园是自然资源独立确权单位，从传统的单一要素治理向多要素治理转变，为统筹"山水林田湖草沙冰"系统治理的夯实提供了制度基础；二是持续推进治理体系和治理能力的现代化，包括巡护管护体系队伍建设、"天地空"一体化的监测手段、出台的一些管理条例办法，以及追责问责制度建设等形成的闭环体系。例如，东北虎豹国家公园积极推动智慧国家公园建设，监测体系可以及时发现人为破坏活动，实现了实时传输、快速定位、及时制止的现代化工作流程，为最严格保护的落实提供了技术支撑。

3. 必须坚持以人民为中心

统筹生态保护和民生发展。习近平总书记强调，国家公园要坚持生态保护、绿色发展、民生改善相统一。我们在推进过程中，也切实感受到，如果把园区内的原住居民排除在外，国家公园建设是很难成功的。如果百姓因为建国家公园而收入下降了，生活水平降低了，我们的很多生态保护措施就很难落实到位，大熊猫栖息地的竹子就会被牛羊抢食，猎杀东北虎的套子就会持续增加，人地矛盾就会加剧。因此，在建设过程中，必须坚持生态保护和民生改善两手抓，但需要明确地方政府行使辖区（包括国家公园）经济社会发展综合协调、公共服务、社会管理和市场监管等职责，我们也应加大指导和支持力度。例如，在虎豹公园，我们启动了一批民生项目，最典型的是黄牛下山，通过帮助地方建集中饲养的牛舍，给予原住居民一些饲料补贴，引导百姓把黄牛从山上散养改为庭院圈养，这样梅花鹿可以到山上吃草，虎豹有了食源，实现了生态保护和民生改善的双赢。

4. 必须坚持多方协调

必须充分调动各方积极性，形成工作合力。国家公园建设是一项系统工程，绝不是哪个部门可以独立完成的，必须借助各方力量。某种程度上，国家公园管理局，不只是管理局，也是协调局。笔者认为其职能主要体现在两方面：一是央地协调。国家公园是个新体制，部分地方政府认识可能还不那么到位，认为是国家要切割地方利益，甚至是阻碍地方发展。这里就需要我们正确引导帮助他们树立正确的理念，将思想进一步统一到中央的决策部署上来。此外，在事权划分的问题一方面，存在民生问题和矛盾冲突调处问题。这是地方政府主责，即使是在园区内启动民生项目，我们也要与地方政府沟通协商，这不仅是尊重，也是明晰权责的方式。为了加强与地方政府的沟通协调，我们建立了联席会议机制和协调推进机制，定期与地方政府及林业和草原局的同志交流，已起到很好的效果。二是部门之间的协调。国家公园是国之大者，截至2021年国家公园累计投资60多亿。这么大的增幅，没有国家发展和改革委员会、财政部的支持，只靠国家林业和草原局自己，是绝对做不到的。另外，我们很多事项，都多次征求中共中央办公厅、国务院办公厅、中央机构编制委员会办公室、自然资源部、生态环境部、农业农村部、水利部的意见，协调起来确实难度大，好多事没有先例。像国家公园设立，最后是哪个部门来批，中央深化改革委员会办公室还是国务院？最后，经过我们多次沟通协调，确定由国务院批复设立方案。除了日常事务性的沟通，部委的协调机制我们也在探索，接下来需要制度化、常态化。

5. 妥善调处矛盾冲突

国家公园设立前甚至试点之前，有多方利益需要协调，如原住居民、人工商品林、永久基本农田、矿业权、小水电等，我们统称为"矛盾冲突风险点"。这些风险不容回避，必须妥善解决，否则会留下隐患。为此，我们多次调研，确定了处理的基本原则，对于核心保护区，原则上我们要尽可能保持完整，排除各种干扰。因此，在这次国家公园设立过程中，像有些原来在核心区集中连片的永久基本农田、人工商品林等，我们经评估后，在保持生态系统完整性的基础上，就不再将其划入核心保护区，而是划为一般控制区；对于一般控制区，我们采取的原则是科学设置过渡期，过渡期内允许开展采伐、耕种等措施，等到期后，自动退出即可。通过这些方式，比较妥善地排除了风险隐患，保障了原住居民的利益，为国家公园正式设立奠定了基础。

（四）问题和困难

国家公园建设尽管取得了很大的成效，但在建设过程中也暴露出一些问题和困难，归纳起来主要有3个方面：一是理念认识有待提升。仍有一些地方对"两山"理念和国家公园理念认识不够全面。有的地方认为国家公园建设会限制地方经济发展，不愿意将短期内能带来经济利益的高生态价值区域划入国家公园，而有的地方又把国家公园当作"吸金"招牌，热衷搞全域旅游开发和入口社区、特色小镇等实体建设，生态保护主体责任落实不到位。二是保护与发展的矛盾有待解决。国家公园所在的 11 个县依然实行国内生产总值考核排名，还没有调整为生态县绿色发展考核；部分矛盾冲突调处工作需要大量资金投入，地方财力难以负担；野生动物损害补偿机制有待全面落实，生态补偿机制还没有实现全覆盖；多元化的投资渠道仅仅是刚开始建立，还不成熟。三是管理体制有待完善。央地、园地事权划分难度大，很多事务涉及共同事权，地方政府与国家公园主管部门的管理职责还存在界限不清的情况，两者对国家公园内的经济社会发展和大量民生事务理解认识不统一，确定出资比例缺少依据。

三、如何高质量建设国家公园

国家公园试点任务圆满完成，第一批国家公园正式设立，接下来转入设立与建设同步推进的重要阶段。一方面，是落实空间布局方案，按照成熟一个设立一个的原则，稳步构建世界最大的国家公园体系；另一方面，是结合试点的经验成效，高质量、高标准建设第一批以及之后陆续设立的国家公园，严格保护自然生态系统，统筹推进"山水林田湖草沙冰"系统治理，建立健全保护管理制度，完善支持保障政策。在当前和今后一个时期，特别是"十四五"时期，重点有以下 6 个方面的工作。

（一）设立新一批国家公园

本着设立一批、创建一批、储备一批的思路，建立一个动态开放的国家公园储备机制，引导全国各地推动国家公园的创建。加快落实空间布局方案，综合考虑我国的生态安全需要、财政保障能力、公众的关注度和地方的积极性等因素，重点在青藏高原、长江流域、黄河流域生态功能的重要区域创建羌塘、秦岭、南岭、黄河口、若尔盖等新一批国家公园，加大重点区域自然生态保护力度。这些地区虽然没有试点基础，但已完成前期准备的 3 次报告：科学考察报告、符合性认定报告、社会影响评价报告。同时，这些地区制定了矛盾冲突调处方案等，初步明确了建制村镇、永久基本农田、矿业权、人工商品林、小水电等处置措施，有利于解决国家公园设立的重点难点问题。在此基础上，这些地区向国家林业和草原局正式上报了创建方案。同时，及时回应地方行动和关切问题，积极推进有较好基础的祁连山、普达措、神农架、南山、钱江源国家公园试点区完善管理体制，优化边界范围，解决风险隐患后，按照成熟一个设立一个的原则，加快推动设立工作。这些区域设立国家公园的必要性也经过了充分论证，它们有的是雪豹的重要栖息地，有的是"一园两区"的试点，有的是我国生物多样性热点地区。预计到"十四五"末的 2025 年年底，可能会设立 30～35 个的国家公园，重要自然生态系统的质量和稳定性得到进一步提高。

（二）落实第一批国家公园重点建设任务

尽管第一批国家公园已正式设立，但还有些基础工作亟待开展。一是管理机构组建工作。没有正式的管理机构，很多任务无法落地，从管理者的角度看，这是重中之重，也是地方特别期盼的。这项工作涉及中央机构编制委员办公室、试点省级政府等，协调难度大。目前，我们正在按照管理局—管理分局两级管理体制积极推进，已经上报了 3 个公园的机构设置方案，包括局、分局的级别，编制安排数量，分局选址，等等，涉及地方利益，实际操作难度大。下一步要完善"三定"方案，即内设机构、职能配置、人员编制，确保中央机构编制委员会办公室批复后管理机构加快组建、正式运行。二是编制总体规划和勘界立标。这是开展其他工作的基础。用规划引领国家公园建设，就必须树立规划的严肃性和权威性，国家发展和改革委员会明确要求，规划中没有体现的建设任务，不会通过中央预算内投资进行安排，也就没有资金支持。这是一个倒逼机制，推动相关管理机构提前谋划设计，有助于科学规范建设国家公园。勘界立标的主要功能是明晰国家公园边界以及核心保护区、一般控制区范围，有利于社会公众了解保护界限，也有利于管理和执法。三是矛盾调处方案的落实。这项工作有一些已经得到解决，像建制村镇有些不划入国家公园范围，有利于保障原住居民生产生活；有些事项还需要加大力度，像合法矿业权退出、小水电整治、核心保护区人工商品林转为公益林，都涉及地方绿色转型，需要一定资金支持，这项工作我们要加强监测评估，确保方案尽快落地。其他的重点工作还包括自然资源资产的确权登记、自然生态系统保护修复、巡护监测、科研宣教、社区协调等，都是首批国家公园正式设立后，要持续加大力度完成的工作，有利于提升我国国家公园的管理能力，也会引领整个自然保护地体系的建设。

（三）完善制度体系

国家公园建设是一项系统工程，涉及自然资源资产产权、国土空间用途管制、生态补偿和生态损害责任追究等多项制度创新，没有先例可循。一是逐步建立分级统一的管理模式。试点阶段有中央直管、中央委托地方代管、央地共管 3 种模式。社会上普遍认为，国家公园是中央事权，理应由中央政府直接行使所有权，但实事求是地讲，从试点经验来看，目前我们还不具备所有国家公园采取中央直管的基础条件，唯一一个直管的东北虎豹国家公园也是举国家林业和草原局全局之力才得以正式设立的。但不是说不要直管了，而是要在按照总体方案的要求和我们的试点经验的基础上，深入研究，争取以地方代管为主，国家林业和草原局做好监督。退一步说，如果非要直管，笔者认为国家林业和草原局管好核心保护区即可，一般控制区还是要交给地方，只有地方才有人力物力解决，这是现实。等国家公园矛盾冲突基本解决，制度化、规范化水平进一步提高后，也就是条件成熟时，再过渡到直管模式是最科学可行的。二是优化完善国家公园设立前后的基本程序。通过首批国家公园的设立，基本明确了设立前的流程，但设立后的建设、运行、管理、评估、监督等程序有待进一步明确，运行管理涉及央地、园地事权划分，其中很多共同事权需要深入研究，确定央地出资比例。评估监督则应聚焦如何发挥专员办考核以及派驻监督作用，这也是设立方案中明确的重点任务，一定要对国家公园生态保护成效进行评价。三是建立健全国家公园的法律体系。正式的上位法出台之前，为避免于法无据，国家林业和草原局制定了《国家公园管理暂行办法》，已经开始面向社会征求意见，之后要加快推动各国家公园出台自身的管理条例。除了这 3 项制度之外，还有生态保护、自然教育、科学研究等各领域的制度办法，需要进一步研究制定，因篇幅原因在此不进行详述。

（四）强化自然生态系统保护修复

国家公园最重要的使命是保护自然生态系统的原真性和完整性，保护生物多样性，主要有以下 3 个方面的工作：一是加强"山水林田湖草沙冰"整体保护和系统修复。作为独立的自然资源确权登记单位，加之大尺度上的生态过程较为完整，国家公园在推进"山水林田湖草沙冰"一体化保护和修复上具有独特优势，设立方案要求要加快启动一批综合治理项目，推动自然生态系统功能整体性提升，同时形成可复制、可推广的保护经验和治理模式，带动全国生态保护修复由单一要素治理向综合治理、系统治理、源头治理转变。例如，东北虎豹国家公园建设的任务中，已经明确要强化重要水源地以及水生生物的保护。对林草行业来说，这些是很重要的突破，也是摆脱就林说林、就草说草惯性的最好方式。二是加强保护生物多样性。珍稀濒危野生动植物是国家公园重要的保护对象，在已设立国家公园中，应继续强化大熊猫、东北虎、东北豹、海南长臂猿等物种及其栖息地的保护，特别注意解决栖息地破碎化和萎缩的问题。另外，在即将设立的国家公园中，应加强保护亚洲象、雪豹、金丝猴、百山祖冷杉等珍稀濒危物种。三是加强监测监管执法。推动建立国家公园生态监测定位站，推进常态化监测，特别是对各项生态恢复措施成效以及生物多样性的监测，以便及时优化完善保护措施。要在分区差异化管控的情况下，加强对人为活动的监管，确保核心保护区、一般控制区没有高强度建设活动，尽量减少原住居民生产生活对生态系统的影响。加大执法力度，严肃处理违法破坏生态环境的行为，开展自然环境综合执法试点，压实政府、企业、个人的生态环境损害赔偿责任，让肆意破坏生态环境者切实付出代价。

（五）持续推进民生发展与社区协调

在严格保护生态、为人民群众提供高质量生态产品的同时，坚持以人民为中心的发展思想，保障好原住居民生产生活，让生态保护者不吃亏，实现生态保护与民生改善相统一。重点是让园区百姓探索转型发展，从养殖、放牧、采集等影响生态保护成效的活动转型为吃生态饭，便于化解矛盾冲突。主要推进3个方面的工作：一是开发设立生态管护公益岗位。根据国家公园保护管理需要，吸纳当地居民担任生态护林员和自然教育讲解员。借鉴三江源国家公园的推广经验，接下来要在所有国家公园内启动、完善以上做法，并拓展到自然资源管护、生态保护工程、生态监测，以及生态体验、自然教育服务等工作，并且提高员工的工资标准，三江源是每月1800元，其他公园不应该低于"社平工资"，最好能确保园区内生态公益岗位收入水平高于园区外，切实增强百姓的获得感。二是支持发展一批符合管控要求的民生项目。除护林员之外，我们还要鼓励原住居民参与特许经营活动，在一般控制区及园区周边适度开办特色民宿、农家乐、森林草原人家等，为国家公园访客提供餐饮、住宿、纪念品售卖等服务，也可以发展食药用菌、茶叶、红松果林、果树、中药材种植或养蜂等作为替代产业，把生产的产品冠名为"国家公园生态产品"，提高产品附加值，增加居民收入。三是建立社区共管机制。目前，公园内没有建制镇，但还有24.8万人，有多个行政村、自然村，因此要统筹好国家公园整体保护与周边社区发展的关系，鼓励国家公园建立由当地政府、社区居民代表、企业代表参与的社区共管委员会，共同管理社区公共事务。最主要的任务是建设安全社区，特别是在有旗舰物种及大型食肉动物活动的三江源、东北虎豹等国家公园，随着生态环境持续好转，虎豹、棕熊伤人，野猪破坏农田庄稼的情况时有发生。因此，国家公园管理机构与当地政府需要合作共同做好危害防控工作，多措并举保障人民群众生命财产安全，注重加强监测预警预报，以及电子围栏、防熊屋等建设。对已发生的伤人毁田事件，探索建立健全野生动物致害补偿和保险制度，合理扩大补偿范围、提高补偿标准、缩短赔付周期。

（六）健全支撑保障体系

一是资金保障。进一步完善财政投入保障机制，充分调动中央和地方两个积极性。目前，国家公园资金来源有国家发展和改革委员会的中央预算内投资和财政部的中央财政国家公园补助资金、转移支付资金 3 条渠道，资金量有保证。需要完善的是森林、草原、湿地、荒漠等生态保护补偿机制，引导地方建立差别化的生态补偿政策，不断提高补偿标准。同时，鉴于之前资金分散导致效益不高，急需统筹各部门、各层面的工程项目资金，形成合力，支持国家公园开展生态保护修复、生态廊道建设，以及巡护监测、科普宣教、保护设施、管护用房等基础设施建设。在国家公园内探索建立生态产品价值实现机制，让质量最好的绿水青山尽快转化为金山银山。研究设立国家公园基金，在确保国家公园生态保护和公益属性的前提下，鼓励引导金融资本、社会资本和公益组织参与国家公园建设，逐步建立多元化的投融资机制。二是科研保障。在国家公园实际运行管理过程中，有很多理论、政策、保护、管理等问题需要研究，特别是涉及自然科学和社会科学的统筹和交叉融合。例如，东北虎豹国家公园黄牛下山问题，通过"天地空"一体化监测平台发现，黄牛与虎豹活动范围是高度重合的，说明它们之间没有严重的冲突，但黄牛与梅花鹿的活动区域很少交叉，而梅花鹿栖息地萎缩显然不利于虎豹种群扩大，因此有必要引导养殖黄牛下山，限制社会生产活动对自然生态系统的扰动；黄牛下山的相关政策制定是典型的自然科学问题，社会科学答题的例子，需要科研工作者通过高质量的研究成果转化运用，助力提升国家公园保护管理水平。三是技术规范标准支撑。虽然有区域差异，但国家公园今后的运行管理趋势一定是规范化、标准化，目前已经形成了设立规范、考核评价规范等5项国家标准，今后对技术规程、国家标准、行业标准的需求会很大。四是宣传与国际合作支撑。国家公园是凝聚人类不同文化与自然景观的特殊空间形态，承载着人类的乡愁与家园梦想。对国家公园的宣传可能涉及对内对外两方面。对内主要是地方政府和社会公众，有些地方不作为、慢作为严重，需要社会各界做好国家公园政策解读，剖析国家公园建设的内涵和改革方向，引导地方各级党委、政府深刻认识建设国家公园的重大意义；对社会公众，加强宣传教育，不断提升国家公园周边社区群众生态保护意识，及时回应社会关切问题的同时，吸引更多民众体验国家公园的最美国土，以实践树立公众生态保护意识。对外要讲好中国国家公园故事，加强与国际上其他国家（和地区）国家公园、生态保护国际组织等机构的交流合作，学习借鉴他们的管理、保护、自然教育等方面的先进经验，为中国所用。目前，我们已经打造了国家公园论坛品牌，接下来会长期办下去，既有利于交流，向世界展示中国国家公园建设的丰硕成果，也有利于为共谋全球生态文明建设、共建地球生命共同体作出积极贡献。

致谢：感谢国家林业和草原局发展研究中心国家公园研究室李想、刘诗琦、刘佳欢在本报告筹备过程中的支持。

作者简介：

李冰，男，1969年生，教授级高级工程师，国家林业和草原局国有林场和种苗管理司司长，现任中国林业经济学会副理事长，国家林业和草原局国家公园政策研究创新团队带头人，历任中国水土保持学会、中国治沙暨沙业学会理事等。主要从事林业经济及国家公园等重大林草政策理论与实践研究，先后赴美国、德国等 10 余个国家考察学习。发表相关论文 20 余篇，出版相关论著 3 部。获梁希林业科学技术奖等奖励 10 余项。在国家公园专班深度参与第一批国家公园设立工作，多次参与国家公园项目的主持、评估、验收等相关工作，完成了一批有价值的研究报告和政策建议报告。

林下经济学的缘起、发展与展望

陈幸良

（中国林学会副理事长，中国林业科学研究院副院长、研究员）

一、林下经济的概念

国外没有"林下经济"的概念，与之相近的概念有农林业（agroforestry）、农林复合系统（agroforestry system）、多功能林业（multipurpose forestry）、非木质林产品（non-wood forest product）、社会林业（social forestry）和生态林业（ecological forestry）等。这些术语难以表达"林下经济"的丰富内涵。学术界对林下经济的概念并不完全统一，早期仅把林下经济作为推进管护经营过程中开发利用林下资源的生产经营活动；随着林下经济的深入发展，学术界逐渐认识到林下经济是一种新兴产业；在生产经营发展中，林下经济的概念更加多样化，林下经济被视为利用林地资源开展的农林复合经营。中国林学会组织专家经过广泛研究，制定了团体标准《林下经济术语》（T/CSF 001—2018）。标准将林下经济（non-timber forest-based economy）定义为：依托森林、林地及其生态环境，遵循可持续经营原则，以开展复合经营为主要特征的生态友好型经济，包括林下种植、林下养殖、相关产品采集加工、森林景观利用等。该定义强调了林下经济绿色、循环、可持续和立体复合经

* 2022 年 11 月，在西南林业大学"楸木园论坛"暨经济管理学院名家大讲堂上作的特邀报告。

营的特点，突出了生态系统经营、生物多样性保护和资源利用的统一，在业界学术交流中被逐步认可和采用。该标准中定义了与本研究有关的术语如下：①林下经济学（non-timber forest-based economics），即研究林下经济理论、技术和发展规律的新型交叉学科。②林下经济产业（non-timber forest-based industry），即从事林下经济活动的产业类型。③林下种植（in-forest planting），即依托森林、林地及其生态环境，遵循可持续经营原则，在林内或林地边缘开展的种植活动，包括人工种植和野生植物资源抚育。④林下养殖（in-forest raising），即依托森林、林地及其生态环境，遵循可持续经营原则和循环经济原理，在林内或林地边缘开展的生态养殖活动，包括人工养殖和野生动物资源驯养。

二、林下经济学的缘起

21 世纪以来，面对全球气候变化、生态环境恶化、能源资源安全及粮食安全受到威胁、重大自然灾害频发等一系列全球性问题的严峻挑战，促进绿色经济发展、实现绿色转型已成为国际社会的共同使命。森林在维护国土生态安全、满足林产品供给、发展绿色经济、促进绿色增长以及推动人类文明进步中，作用更加凸显。林学理论和学科得到不断丰富和发展。20 世纪 60 年代，生态系统理论被引入林学领域，森林资源的概念由木质资源扩展至非木质资源，从而扩大了森林经营对象的范围——整个森林生态系统内的生物资源。1991 年 11 月，在泰国曼谷召开的"非木质林产品专家磋商会"对非木质林产品定义进行了规范。1992 年，联合国环境与发展大会通过的《21世纪议程》强调："各国政府应对非木材林产品的开发和利用进行科学的调查，对木材和非木材林产品的特性及其用途进行研究，以更好地利用和扶持非木材林产品的加工，提高其价值和效益，宣传和推广非木材林产品，促进其发展。"1995 年，联合国粮食及农业组织制定了《关于非木材林产品资源开发与利用的未来行动计划》。自此，大量关于非木质林产品的贡献、开发和利用的研究相继出现。与此同时，基于世界森林可持续经营指导下的近自然经营、多功能经营等实践，根据自然的可能和人类的需求科学区划森林功能，在时间和空间上组织安排森林经营活动，最大程度发挥森林的服务功能并获取物质，促进了林业多元化经营理论的发展。

我国林下经济从生产实践，到形成专门的研究领域，进而向学科化方向发展，缘于以下 3 个方面因素的推动：

（一）集体林权制度改革促进了林下经济发展和研究的拓展

21 世纪初的集体林改，使得农民的林地使用权得到激活，森林分类经营得到深化，农民通过林下种植、养殖、采集加工等立体复合生产经营实现"不砍树能致富"，林下经济得以快速发展，迅速跃升为占比分量越来越重的产业类型。围绕产业形成的研究与技术推广体系逐步建立。检索 2003—2013 年的 278 篇林下经济相关学术论文表明，林下经济研究论文数量呈现从起步探索到快速发展和稳步增长的趋势。2006 年为起步阶段，2010—2013 年为快速增长阶段，共载论文 269 篇，占总载论文量的 96.76％，后期则步入稳步增长阶段。2018 年，国家自然科学基金将林下经济单独编码，列为一个单独的学科分支，保障了林下经济基础性研究的开展。

（二）森林价值的内涵不断丰富，新技术、新方法在林下经济发展中得到不断的应用与开发

森林的多种功能、多重价值得到不断拓展，林下植物、动物和菌物等新资源、新功能、新用途得到不断发现和利用，资源加工、森林旅游、森林康养等绿色新兴产业蓬勃发展，森林的多学科研究视野进一步拓宽，各种林下经济产学研平台不断出现，融合传统方法与新技术的集成技术不断创新，如林下生物资源保育与综合利用技术、农林多元复合经营技术等。高新技术在林下经济发展中的应用得到了拓展，如地理信息系统应用于林下经济规划，林源植物活性成分提取技术，等等，与生产、加工、销售等产业链环节结合，实现林下经济发展的现代化、智能化、信息化等。

（三）深化和优化林下经济发展政策，促进了产业科技进步

2012 年 7 月，国务院办公厅发布了《关于加快林下经济发展的意见》；2014 年和 2015 年，国家林业局发布了《全国集体林地林下经济发展规划纲要（2014—2020 年）》《全国集体林地林药林菌发展实施方案（2014—2020 年）》；2019 年，国家林业和草原局印发了《关于促进林草产业高质量发展的指导意见》；2020 年，国家发展和改革委员会、国家林业和草原局、科学技术部等 10 个部门联合下发《关于科学利用林地资源促进木本粮油和林下经济高质量发展的意见》；2021 年 11 月，国家林业和草原局印发了《全国林下经济发展指南（2021—2030 年）》。这些政策都对合理利用森林资源、科学发展林下经济、完善林下经济规划布局和资源保护利用政策等作出了规定。2020 年，新修订的《中华人民共和国森林法》首次将"林下经济"写入法律，进一步明确了林地经营利用的范围，为林下经济产业发展和科技进步提供了广阔空间。

三、我国林下经济的发展概况及重要意义

根据国家林业和草原局统计，截至 2021 年年底，全国林下经济种植面积达 6.23 亿亩^①（4.15×10^7 hm²），产值达 1 万亿元，林下经济产业成为 4 个超万亿的林业产业之一（前 3 个为木竹加工、经济林产业、森林旅游），组织化程度也不断提高，各类林下经营主体为 94 万个，农民合作社为 4 万多个，企业达到 1.7 万家，并创造了丰富多彩的林下经济模式。全国林下经济从业人员 3 451 万人。江西、浙江、广西等 9 个省（自治区、直辖市）产值超过 500 亿元。国家林下经济示范基地 649 个。总体来看，我国林下经济发展呈现出良好的态势。林下经济产业已成为山区经济发展的优势产业、种植业结构调整的特色产业、农民脱贫致富的支柱产业和大

---

① 1 亩 ≈ 666.67 m²。

众创业的新兴产业。2021 年，国家林业和草原局印发了《全国林下经济发展指南（2021—2030 年）》，规划了全国林下经济发展的目标任务。计划到 2025 年，林下经济经营和利用林地总面积达到 6.5 亿亩（4.33×10^7 hm^2），实现林下经济总产值 1 万亿元，国家林下经济示范基地达 800 家，发展林下中药材生态培育面积 500 万亩（3.33×10^5 hm^2），林下食用菌生态培育面积 500 万亩（3.33×10^5 hm^2），林下养殖规模 300 万亩（20 万 hm^2），培育以发展林下经济为主的国家林业重点龙头企业和国家农民专业合作社示范社 200 个。到 2030 年，林下经济经营和利用林地总面积达 7 亿亩（4.67×10^7 hm^2），实现林下经济总产值 1.3 万亿元，国家林下经济示范基地达 1 000 家，发展林下中药材生态培育面积 1 000 万亩（66.67 万 hm^2），林下食用菌生态培育面积 800 万亩（53.33 万 hm^2），林下养殖规模 500 万亩（3.33×10^5 hm^2），培育以发展林下经济为主的国家林业重点龙头企业和国家农民专业合作示范社 300 个。

发展林下经济兼顾了保护生态与农民生计，实现了森林生态经济系统的良性循环，提高了土地利用效率，激活了森林经济发展动能。其重要意义体现在 3 个方面：一是开创了绿色、生态产业新类型，促进发挥森林经济功能。林下经济延伸了"生产者—消费者—分解者"产业经济链条，形成了"资源—产品—再生资源—再生产品"互利共生的循环经济网络模式，实现了物质能量良性循环，带动了与林下经济相关的加工、运输、物流、信息、服务等产业，增加了林农收入，推动了区域经济发展。二是增进了森林生态系统的协调稳定与可持续发展，促进了森林生态功能的发挥。发展林下经济，形成了更加健康的乔灌草复合结构，构建了复杂的生物链和营养关系，丰富了动植物、微生物复合体系，提高了生态系统生物多样性指数和稳定性，促进了多物种协调相生，增强了森林水土保持、固碳释氧等生态功能。三是推动就业和绿色消费，促进发挥森林社会功能。林下经济产业涉及林业、农业、畜牧业、科技、医药、旅游等多个门类，需要的专业技术达几十种，为农民带来了低门槛、劳力密集型就业岗位。同时，林下经济具有绿色、自然、无公害等特点，成为农民从事生态产业的新领域，对推动绿色发展、绿色消费具有重要意义。

四、林下经济学的学科内涵、研究对象与体系构建

（一）学科内涵

截至目前，林下经济学还没有形成独立的学科理论。其理论基础来源于生物学（生态学）、经济学、农学（林学）、工学等学科的相关理论基础（表1）。总体归纳一下，林下经济学是研究林下经济理论、技术和发展规律的新型交叉学科。

表 1 林下经济学涉及的主要学科理论

学科门类	相关一级学科	相关二级学科	重点应用或交叉领域
农学	林学	林木遗传育种、森林培育学、森林经理学、森林保护学、园林植物与观赏园艺、水土保持与荒漠化防治	林下生物种质资源保护培育、经济林生态培育、多功能森林、混交林与复层林培育经营、森林景观资源利用
	作物学	作物栽培学与耕作学、作物遗传育种	农林复合经营、野生植物驯化
	畜牧学	动物遗传育种与繁殖、特种经济动物饲养、动物营养与饲料科学	林下养殖、野生动物保护、濒危野生动物繁育
	园艺学	果树学、蔬菜学、茶学	林、果、蔬、茶等复合经营
	植物保护	农业昆虫与害虫防治	森林昆虫与有害生物
	农业资源与环境	土壤学、植物营养学、植物病理学	森林资源与环境、森林土壤生态、森林植物驯化
理学	生物学	植物学、生理学、微生物学	森林植物、森林微生物资源
	系统科学	系统理论、系统分析与集成	森林生态经济系统
	生态学		森林生态、植物生态、景观生态、林下生态
经济学	应用经济学	产业经济学、区域经济学、劳动经济学	林业产业、林下经济产业、林下经济区域发展
工学	林业工程	森林工程、林产化学加工	工程建设、林源产物开发与利用、产品加工
	食品科学与工程	食品科学，粮食、油脂及植物蛋白工程，农产品加工及贮藏工程	食用林产品、木本粮油药食同源资源利用
医学	药学	生药学	林下药用植物资源保育与利用
管理学	农林经济管理	农业经济管理、林业经济管理	农林复合经济与管理

　　林下经济学研究的出发点是在维持森林生态经济系统健康功能的同时，可持续地产出非木质林产品和森林生态产品。森林资源可分为木质资源与非木质资源两部分。它们通过经济社会系统的生产、交换、分配和消费的各个环节，进入物质循环、能量传递、信息传波和价值流动。在无人工干预的情景下，森林建群植物与林下资源及其环境之间的关系是一种天然、协调、稳定的关系，具有增长型机制的经济系统对自然资源需求的无限性与具有稳定型机制的生态系统对自然资源供给的有限性之间的矛盾，构成了森林生态经济系统的基本矛盾。林下经济学的宗旨就是针对这一基本矛盾，研究森林生态经济系统中非木质资源保护、合理开发和科学利用的有效性和最优化配置，以实现森林生态系统、经济系统、社会系统的协调可持续发展。

（二）研究对象

　　综合多方面研究，笔者认为，林下经济学是以森林生态经济系统为研究对象，以非木质林产品和森林生态产品可持续产出为目标，以多学科融合理论技术为方法和手段，系统研究林下经济资源的特点和功能，以及对它开展生态保护培育、经营开发和科学合理利用所形成的基础理论、基本方法和科学技术体系。

　　林下经济学以森林生态经济系统作为研究对象，其内涵是将完整的、现代的森林资源和生态系统的概念引入其中，以揭示森林资源与森林生态系统和社会经济系统相互耦合的内在机制和规律（图1）。

　　森林是林木、林地及其所在空间内的一切森林植物、动物、微生物，以及这些生命体赖以生存并对其有重要影响的自然环境条件的集合体。这个集合体既是资源，也是完整的生态系统。它包括生产者有机体、消费者有机体、分解者（还原者）有机体和无机环境4个部分，4个部分相互依存、相互影响、相互制约。生产者有机体主要指所有的绿色植物，它们通过光合作用将太阳辐射能吸收、贮藏，转化为化

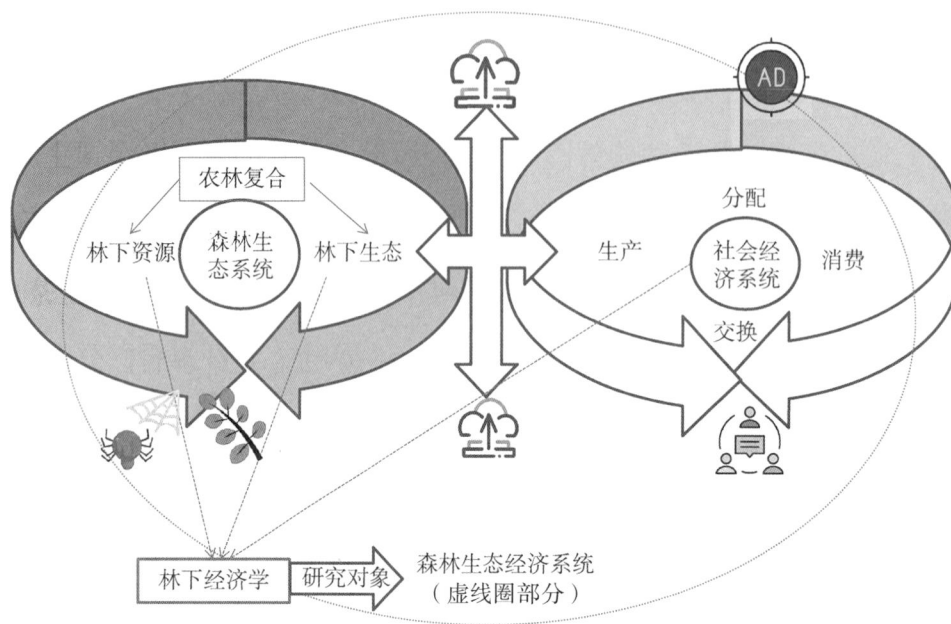

图 1　林下经济学研究对象

学能，同时吸收土壤中的氮、磷、钾、钙、镁、硫等无机物合成有机物质，进行生态系统内的初级生产。消费者有机体指直接或间接地利用植物所制造的有机物而生活的各种动物，它们不能直接利用无机物来供应自身的需要，必须靠摄食其他生物为生，是异养生物，在生态系统中处于消费者的地位。分解者（还原者）有机体，主要指细菌、真菌等微生物和一些小动物，它们以动植物的排泄物和残体为食料，经过吸收和分解，把复杂的有机物质变为简单的无机物质，归还给环境，以供绿色植物的再利用。无机环境指光、热、水、土、大气、岩石、死有机物质等生物赖以生存的物质和能量的源泉，以及活动场所。森林生态系统作为资源和生态系统进入社会经济系统，与生产、分配、消费、交换组成的社会经济系统构成复合生态经济系统。因此，林下经济学是以研究森林生态经济系统的运行机制、结构、功能和效益为基础，以森林非木质资源的保护、培育和利用及其配置规律为主要研究内容的一门交叉学科（图 2）。

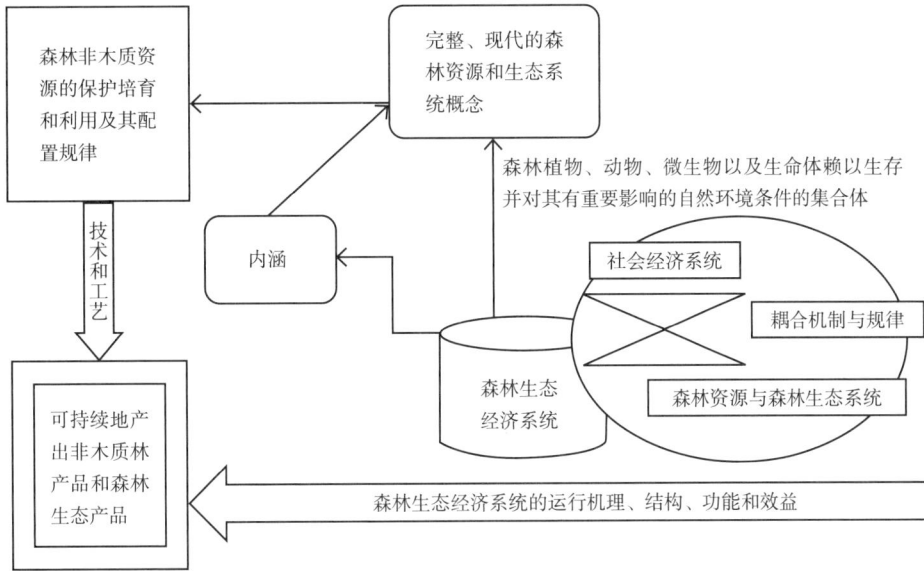

图2　以森林生态经济系统为研究对象的内涵示意图

（三）体系构建

1. 基础理论

如前所述，林下经济学以森林生态经济复合系统为研究对象。根据马世骏的社会－经济－自然复合生态系统理论，社会、经济、自然3个子系统既有各自运行规律，也是相互作用的整体。复合生态系统中"人是最活跃的因素，也受自然生态规律制约"。他提出的衡量复合生态系统的准则，即"自然系统是否合理，经济系统是否有利，社会系统是否有效"，阐明了复合生态系统结构与功能特征，开创了人与自然耦合机制与调控的新思路。马世骏等提出的"生态系统工程"概念，概括了"整体、协调、循环、再生"的生态工程原理，为林下经济基础理论奠定了基础。美国著名生态经济学家赫尔曼提出的可持续发展观、宏观环境经济学和稳态经济学、自然资本等理论揭示出当代自然科学和社会科学走向综合统一科学体系的趋势，Constanza等学者将生态系统提供的商品和服务统称为"生态系统服务（ecosystem service）"。也有学者认为生态系统服务是指对人类生存和生活质量有贡献的生态系统产品和生态系统功能，生态系统服务包括来自自然资本的物流、能流和信息流，它们与人造资本和人力资本结合在一起产生人类的福利。这些理论都为林下经济基础理论构建奠定了基础。笔者认为，林下经济学基础理论来源于生态学、经济学、生态经济学、农（林）学等多学科理论的支撑。生态学中的种群互作原理、生态位原理、界面层原理、边缘效应原理、邻体干扰原理、生态系统原理、物质循环与再生原理等理论，经济学中的市场供求原理、边际效应原理、帕累托最优原理、资源配置风险互补与最小原理等理论，管理学中的计划、组织、指挥、协调及控制原理等理论，农林学中的作物生长发育规律及其与外界环境条件的关系、农业生态工程、森林资源培育与可持续经营、森林多功能经营、资源加工与利用理论、土壤与营养、畜牧生产等理论综合交叉，为林下经济学科的形成奠定了基石。

2. 学科体系

林下经济学基础理论可由林下经济资源学、林下生态学、农林复合经营学、林下经济产业管理学 4 个部分构成。①林下经济资源指可为人类开发利用，依托森林生态系统而栖息的动物、植物（包括菌类）和微生物资源，以及生态环境和景观资源。它们是与森林组成密不可分的整体，具备可再生性，能够进行周期性生产经营，同时具有食用、药用或作为多种生产原料等多方面的用途，具有开发利用的巨大空间。②林下生态指森林群落中乔木以下（包括小乔木、灌草植物、栖息动物、微生物和无机环境组成）的林地生态系统和地下生态系统状况。该生态系统包括植物、动物和微生物，及其地下水、土、气、热等无机环境组成的生态系统，由植物根系及其动植物、微生物与地表以下土壤关系组成。③农林复合经营是建立人工或半人工的生态系统，将多年生木本植物与农作物或家畜动物结合在一起而形成的土地利用系统的集合。"复合农林业"是在发挥森林作用和效益的基础上，合理配置群落的物种组成，协调生态系统的权衡关系，使林、农二者有机结合。④林下经济产业管理，一方面从宏观角度研究林下经济产业的生产、交换、分配、消费环节的经济问题及其规律；另一方面从微观经济角度探讨如何合理组织生产力及资源配置等问题，是涉及经济学、社会学、企业经营管理学等内容的社会科学。

3. 方法和技术体系

方法和技术体系即研究林下经济生产经营和管理对森林生态经济系统的影响，以及利用这些规律调节林下经济行为，使其向预期目标发展的方法和技术体系（图3）。

该技术体系体现了多学科特别是林学理论间的交叉运用，如应用产业经济学理论、配第 - 克拉克定理定理和霍夫曼定理等分析产业结构演进；运用森林可持续经营理论、近自然调控机制、森林经营过程中结构功能关系及耦合理论、森林多功能协调理论、森林资源信息流的智能关系和交换机制，研究森林与林下资源统筹规划与经营的方法技术；等等。主要方法如下：①系统模拟法，在系统分析的基础上，对森林生态经济进行系统简化和抽象，通过模型来仿真生态经济系统的内部运行状

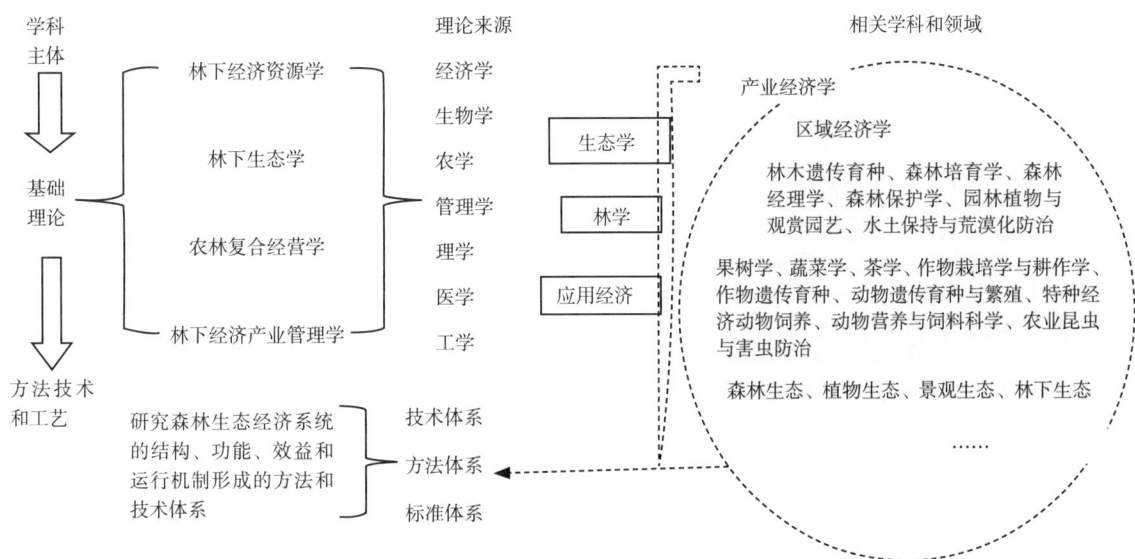

图3　林下经济学学科体系

况，以选出系统决策方案。②效益论证法，通过实证研究、定量与定性相结合的方法等，将森林生态经济系统的目标性、整体性、相关性、适应性等视为一个整体、一个系统，并对该系统中的要素、层次、结构、功能等进行定性与定量的综合分析，最后选出最优方案。在技术和工艺方面，研究不同尺度森林功能区划方法、森林资源调查和动态监测方法、资源数据统计分析与建模方法、数学规划方法、森林资源及经营效果分析评价方法等。应用学科交叉方法，研发如物种选择与配置技术、生物质和能量多级利用技术、森林和非木材资源多功能经营技术、效益评价及监测技术、数据和计算机仿真技术、森林资源经营决策及规划技术、森林资源评价与控制调整技术，以及相关技术标准、指标和流程等。

五、林下经济学的发展

21 世纪是绿色经济、生态经济、低碳循环经济的时代。面对全球变化的挑战，未来林下经济学将在基础理论研究、应用研究、技术和工艺研究等方面向纵深拓展，呈现蓬勃发展势头。

（一）林下经济资源学方面

关注林下经济生物资源保护、培育和精深加工利用，林下资源研究的深度和广度将进一步拓展。森林是陆地上生物资源最丰富、生物量最大的资源宝库。据专家估计，自然界的菌物大约为 150 万种以上，我国拥有 20 万～25 万种，预计已知大型真菌 3 800 种以上。其中，经济用途的大致有 2 000 多种，包括食用、药用等，目前有药效和试验有抗癌作用的种类达 400 余种。我国有高等植物 30 000 余种，有药用植物 11 146 种（包括 9 933 种和 1 213 种下单位），有开发利用价值的野生淀粉类植物资源约有 300 种；野生油脂类植物约有 400 种，叶蛋白植物资源十分丰富的豆科植物有 1 252 种，禾本科植物 1 200 种；大量栖息于森林的生物资源，其用途不断被发现和利用。它们将成为人们生活和多功能利用的资源宝库。未来林下野生植物、动物、微生物资源濒危状况、种群恢复、资源的保育理论方法和技术，将为繁育利用珍贵的森林生物多样性资源奠定基础。基于不同植物、动物、微生物的多种功能，开展诸如油料、纤维、淀粉、食用、药用、观赏、生态改善等多方面功能的挖掘与加工利用研究，前景广阔。例如，森林植物基蛋白、天然药物、功能型活性物质利用等前景不可估量。有研究指出，植物基蛋白能显著降低血脂和低密度脂蛋白（low density lipoprotein，LDL）水平；从森林植物或动物中发现和提取天然药物或功能成分，如萜类、黄酮、生物碱、甾体等，对人类以及一些生物具有生理促进作用，有些对治疗疑难杂症有效果。因此，美国、西欧国家、日本、韩国等争相投入巨资对其加强研究。我国东北林业大学王云飞团队，以少棘蜈蚣（*Scolopendra subspinipes mutilans*）作为研究对象，结合毒液分离纯化、毒液腺转录组测序分析、活性多肽分子的合成和表达，以及膜片钳功能筛选等技术，发掘少棘蜈蚣毒液活性分子，识别了可以调控肌肉系统兴奋（Shaker）、神经系统兴奋（Shal）和疼痛和温度感知（TRPV1）等重要疾病靶点的活性分子。该成果已经在 Alomone Labs 公司应用于生产，产品已销往全球。此外，非木质资源绿色加工技术为生物产业、医药、食品添加剂、功能食品、日用化学品等领域提供技术支撑，对发展高附加值林业生物产业具有重要意义。

（二）林下生态学方面

关注森林生态系统供给服务的核心机理，促进自然受益型经济增长，构建结构优化、健康稳定的森林生态系统，提高森林生产力和生态环境承载力，将成为研究热点。因此，森林生态系统种群与种间关系、林荫空间、养分循环、碳库周转、地下生态系统和土壤碳库、景观效应等基础研究，将成为林下经济从理论认知到实验观测的基础。研究森林生态系统过程机制、动态演变、地理分布以及经营管理；树种混交机制及多功能的调控机制，种间和种内相互作用及对森林生态系统整体功能的影响；森林全周期、异龄、混交、复层、近自然的森林技术及其对树种结构－碳汇能力－应对气候变化技术；基于自然的解决方案（nature based solution，NbS）对自然和人工森林生态系统进行保护、修复和可持续管理，从而应对气候变化、生物多样性丧失等环境和社会挑战。

（三）农林复合经营学方面

关注农林复合系统的结构、功能、类型和效益，针对自然和人工生态系统可持续产出，促进复合生态工程优化调控，可望成为研究的重点。林下经济优良品种选育和可持续利用，种质资源形成基础与挖掘创新育种，林下经济复合经营技术模式，复合经营体系的森林经营、树体管理、土壤耕作和水肥管理等技术，优良品种科学配置技术，林下经济资源生态栽培、仿野生栽培和野生抚育保护技术，基于栽培区生态承载力且与区域生态相适应、相协调的林荫栽培、寄生附生、野生撒播、景观仿野生等模式，无公害、绿色食品和有机食品的生产技术研发，林下经济产品加工利用技术研究、品质控制、质量标准、检测技术和监管研究，等等，将为林下经济集约化、规模化发展提供强有力的技术支撑。

（四）林下经济产业政策研究与管理方面

同其他学科一样，在持续加强基础理论和应用技术研究及学科人才培养的同时，应促进"产学研用"协调发展，引导林下经济产业向绿色、健康、可持续方向发展。需重点关注以下 6 个方面的问题：①如何科学利用林地资源。在确保森林资源安全的前提下，统筹生态保护与农民增收，兼顾生态效益、经济效益和社会效益。②如何优化政策和社会参与。充分发挥当地的资源禀赋优势，突破政策难点，鼓励利用各类适宜林地和退耕还林地等发展林下经济，依法依规调整林种结构，等等。③如何布局产业和促进产业融合。研究林下经济产业如何布局优化，如何调整结构、提升效益、增强产业聚集度、延长产业链、提升价值链、完善供应链、推动特色发展、实现"一地一特色""一县一布局"。④如何做优做精产品。坚持原生态、绿色、有机、品牌化技术路线，打造区域公共品牌和森林生态标志产品，推动订单生产、定向销售，走产销定制化发展之路。⑤如何强化产业组织建设。鼓励"龙头企业＋合作社＋农户""双绑"组织等方式，扶持专业协会建设，设立产业基金，落实农户小额贷款，提高农民的组织化水平和抗风险能力。⑥如何加强市场体系建设。为农民提供林权评估、交易、融资等服务，支持电子商务、农超对接、连锁经营、物流配送等现代流通方式，加快服务全产业链发展。

六、结　语

我国的林下经济是绿色经济、生态经济的重要组成部分，它以林业为核心，把农业、牧业、渔业、副业生产乃至加工业和高新技术产业结合在一起，充分利用生态工程、生态经济的理论技术和方法，建成高效、高产、优质和可持续的产业体系。发展林下经济，顺应了新发展阶段人民对美好生活的新需求，顺应了新发展理念的绿色生产、绿色消费、绿色流通新要求，顺应了新发展格局下的生态文明、健康中国和美丽中国建设的新趋势。它体现了历史文化的传承和实践的创新，也催生着理论的创新和发展，具有强大的生命力。时代和实践呼唤林下经济学科体系崛起于众多学科之林，兴盛于林业科技自立自强之列。

作者简介

陈幸良，男，1964 年生，研究员，享受国务院政府特殊津贴专家。现任中国林学会副理事长、中国林业科学研究院副院长，兼任中国森林认证委员会副主任、中国林学会林下经济分会常务副主任委员、国家林业和草原局院校教材建设专家委员会副主任等职。近年来，紧密跟踪国内外发展前沿，在重大生态工程、林下经济、森林生态经济、森林资源经营管理、乡村振兴、自然教育等方面取得系列创新成果。主持林业"十二五""十三五""十四五"多项林业科学研究项目，发表论文 60 余篇，出版专著 15 部，培养了一大批硕士、博士高层次人才。代表性论著有《中国森林供给问题研究》《天然林保育学》《林下经济与农业复合生态系统管理》《中国生态演变 60 年》等。

气候变化与古树名木保护

赵　忠

（西北农林科技大学教授）

古树，特别是树龄千年以上的大型古树是地球上体形最大、寿命最长的生命个体，具有重要的科研、历史、文化价值，被誉为"绿色的文物""活着的化石"，是优良的基因库和重要的旅游文化资源，在维系区域生态系统和生物多样性、凝聚民族精神、传承优秀传统文化等方面发挥着不可替代的作用。例如，生长于陕西黄陵的黄帝手植柏（*Platycladus orientalis*），树龄 5 000 年以上，被称为"中华文化的标志"；陕西楼观台的老子手植银杏（*Ginkgo biloba*），树龄大概 2 300 年，是我国作为银杏原产地的重要标志；台湾阿里山的红桧（*Chamaecyparis formosensis*）神木，见证了日本侵占中国台湾的历史；西藏林芝的文成公主手植桑（*Morus alba*），是汉族与藏族民族融合的历史鉴证；湖北利川被称为"天下第一杉"的水杉（*Metasequoia glyptostroboides*）古树，具有重要的科研价值。还有一些古树承载着中国共产党的红色历史，例如，江西瑞金叶坪的樟（*Cinnamomum camphora*）古树，见证了苏维埃政权的兴衰，至今树体上还残留着当时国民党飞机投掷的未爆炸弹；甘肃两当的红军槐（*Sophora japonicum*）古树，是著名的"两当起义"和中国工农红军陕甘游击队第五支队诞生地的标志。

---

* 2022 年 9 月，在北京举办的第 20 届全国森林培育学术研讨会上作的特邀报告。

一、古树名木保护存在的突出问题

近 50 年来，人为影响下气候变化提速，灾害性气候事件频发。特别是 2022 年，我国气候异常显著，平均气温创 1961 年以来历史次高，加之经常性的人为活动干扰，严重威胁到大型古树的生存。大多数大型古树由于生境恶劣、树势衰弱、病虫害严重，树木抗逆能力减弱，断枝、风折、枯梢、空腐、死亡等现象普遍，仅黄河中游地区就有 11.78% 的大型古树濒临死亡或已枯死，其中在大型古树中占有重要地位的侧柏（*Platycladus orientalis*）的这一比例高达 17.99%（表 1、表 2）。

表 1　黄河中游地区古树名木树龄分布　　　　　　　　　　　单位：株

树种	不同树龄的古树数量					小计
	＜ 500 年	500 ～ 1 000 年	1 000 ～ 2 000 年	2 000 ～ 3 000 年	≥ 3 000 年	
侧柏	10	59	66	47	22	204
国槐	16	5	28	3	2	54
银杏	2	0	1	2	0	5
小计	28	64	95	52	24	263

表 2　黄河中游地区古树名木生存状况

健康等级	不同生长环境中的古树数量 / 株			总计 / 株	所占比例 / %
	村庄	景区	寺庙		
Ⅰ级（健康）	4	14	3	21	7.98
Ⅱ级（亚健康）	18	59	19	96	36.5
Ⅲ级（衰退）	11	54	10	75	28.5
Ⅳ级（极度衰退）	9	28	3	40	15.2
Ⅴ级（濒临死亡）	1	16	1	18	6.84
已枯死	1	12	0	13	4.94

长期以来，大型古树的稀有性、不可替代的历史文化遗产价值，以及较小树和小型古树对全球气候变化更敏感等，给大型古树的研究和保护带来很大挑战。至今人们对大型古树如何响应和适应全球气候变化知之甚少，全球气候变化背景下古树研究

和适应性保护等关键问题亟待解决。这些不仅在理论上限制了人们对大型古树衰老加剧机制的认识，而且也在实践上制约着人们进行适应性保护的探索。古树衰老进程判断、健康诊断、复壮保护等环节由于缺乏理论依据，关键技术迟迟没有突破。

二、古树对气候变化的响应和适应

（一）蛋白质组学方面

极端天气是气候变化背景下大型古树必须频繁应对的主要环境胁迫。近年来，越来越多的研究发现大型古树因其树体巨大、树冠开张、热辐射和蒸腾量大，相比小型树木对干旱更为敏感，65% 的大型古树的死亡都与干旱有关。

近 10 年来，我们分别从蛋白质组学、生理学和氮素吸收转运的分子机制等方面，对古树气候变化响应和适应机制进行了研究。蛋白质组学研究发现，气候变化引起的极端干旱和低温环境，可以驱动侧柏古树蛋白质代谢的变化。低温可导致千年古柏脂质过氧化（MDA）和脂类代谢水平升高，抗氧化酶活性、可溶性蛋白质含量下降。多数参与光合作用、蛋白质折叠 / 修饰、转运和防御 / 胁迫响应相关蛋白质丰度都呈现下调表达特征，表明相比于幼树，古树受低温的影响更大。大量功能性蛋白质的降解可能会对古树叶组织防御逆境产生影响；与幼树对低温响应不同的是古树中有些蛋白质呈现高丰度表达，其中涉及一些胁迫防御相关和光合保护及多胺代谢相关蛋白质，这些蛋白质在古树中的表达可能和古树胁迫忍耐或抵御胁迫引起的叶组织衰老有关。

（二）生理学方面

对侧柏古树的研究发现，树龄 2 000 年以上的侧柏古树鳞叶中甲基化水平明显比成年树要高，这说明甲基化水平随着树龄的增长会出现大的变化。

（三）氮素吸收利用方面

氮素作为树木最主要的营养元素，它的吸收转运是保障古树健康的基础。环境胁迫导致古树健康受损时，树体内游离的脯氨酸含量会随受损程度加剧而增加。非生物胁迫环境下，树木可通过改变氮素吸收代谢相关基因的表达，调控氮素吸收、转运、代谢及其积累过程，调节植株地上部分和根系生长，进而提高自身抗性以适应外界环境变化。在古槐的研究中发现随着树龄的增长，健康古槐氮素吸收代谢相关调控基因的表达量逐渐增强，树龄 2 000 年以上古树的细根仍具有较强的氮素吸收代谢能力，是古槐树应对气候变化和长寿的重要原因。

三、古树名木健康和衰老诊断

（一）衰老过程

不同生物物种的生长规律不尽相同。从群体来讲，人类的死亡率随着年龄增长急速增长，生育率高峰维持在一定年龄范围内。但是树木就不一样了，其死亡率随着树龄增长会逐渐稳定下来，而繁殖率却随着树龄增长维持在高的水平。如果从个体来讲，树木整个生命周期可划分为 3 个阶段：幼年期、成熟期和衰亡期。最后的衰亡阶段时间很短，对于古树而言，一旦察觉到其具有进入到衰亡阶段的征兆，抢救已经为时晚矣。所以，加强古树健康评价和衰老过程诊断对古树健康管理非常重要。

研究已经证实，树木的寿命与衰老（aging）进程有着密切的关系。衰老是生物体与生俱来的一种特性，不因物种的进化而改变。因此，在古树健康诊断中衰老进程的诊断非常重要，首先需要弄清古树是否已进入衰亡阶段，甄别古树衰弱的原因。

（二）衰老诊断

依据我们对侧柏和国槐古树叶片解剖和显微结构的研究，发现不同健康状况古树的叶形态和颜色差异不明显，但叶肉组织解剖特征变化显著，尤其是进入衰亡阶段的不健康古树，叶肉组织间出现大量的空洞，仅有少量的栅栏组织细胞可被辨认，大多数海绵组织细胞丧失了正常结构。健康状态下，古柏的叶片细胞始终具有正常的细胞结构，而不健康状态（衰亡阶段）古树的叶细胞结构会表现出明显的退行性变化，如薄壁细胞减少、液泡破裂、细胞壁扭曲增厚等。树体健康状况对侧柏鳞叶细胞结构的影响即使在侧柏幼树的鳞叶中也表现得非常明显，表明叶片细胞结构与树木自身健康状况密切相关，与树龄没有明显的对应关系。

古树树体健康状况不同，其叶肉细胞的超微结构也存在较大差异。健康古树叶中基粒片层整齐有序，呈平行排列，类囊体片层堆叠整齐，膜系统结构完整；亚健康和衰弱古树基粒片层排列不规则，基粒呈被切断状。不同健康状况古柏鳞叶叶绿体、线粒体以及叶绿体中淀粉粒的大小和形状存在明显的差异。与 1 700 年和 120 年树龄古槐树相比，50 年国槐的叶肉细胞最大，叶肉细胞中叶绿体大小差异不显著，但线粒体大小差异显著。线粒体在树体衰老过程中出现了明显的结构退行性变化，即不健康古树的线粒体膜完整性消失，线粒体嵴退化明显。健康古柏叶片中的叶绿体呈椭圆形，具有完整、平滑的双层膜结构，均匀地紧贴细胞壁分布；不健康古柏的叶绿体呈近圆形、分布距细胞壁较远，近乎完全解体，呈现出明显的衰亡特征。叶组织细胞器功能结构失常是引起古树生理机能逐渐衰退的主要原因，叶片的解剖结构和超微结构对于树木的生长状态及功能具有明显的指示作用，可以作为古树健康、衰老诊断的重要依据。

（三）健康诊断

古树名木的健康诊断分为表观损伤诊断和专业诊断两种类型（图 1）。

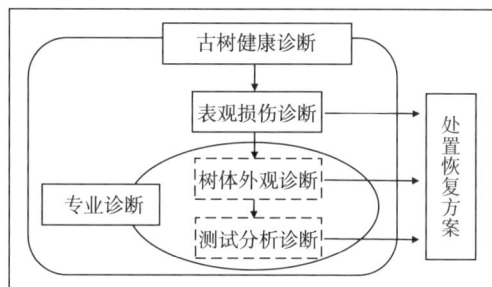

图 1　古树健康诊断技术流程示意图

专业诊断通常采用反映树冠、枝条、叶片和树干健康状况的 4 类指标，每个指标按 0～5 分级评价得分（表 3）。根据各个评价指标对树体健康的贡献，计算确定各指标的权重。计算各指标得分的加权平均数，获取古树树体健康指数。依据健康指数确定分级阈值，将古树树体健康评价结果划分为 5 个等级，包括健康、亚健康、开始衰退、衰退和濒临死亡。

表 3　槐古树健康评价指示评分标准

观测指标	评分标准				
	0	1	2	3	4
树势	生长旺盛，无不良状况	生长良好，局部受到影响	树势衰弱比较明显	生长极差，异常衰弱	全株干枯，濒临死亡
冠形	冠形圆满	近自然冠形	≤10% 树冠微缺	≤25% 树冠缺损	>40% 树冠缺损
倾斜程度	≤5°	≤10°	≤20°	≤30°	>30°
病虫害	被害 5% 以下	被害 5%～25%	被害 25%～50%	被害 50%～75%	被害 75% 以上
枝条延伸	未出现枝条缩短现象	少量枝条出现缩短现象	较多枝条出现缩短现象	大量枝条出现极度缩短现象	全部枝条出现缩短现象，树冠收窄
大枝枯损	无枯损	少量折枝枯损	较多折枝枯损	大量折枝枯损	无健全大枝
顶梢枯死量	≤5%	≤25%	≤50%	≤75%	>75%
树冠下端枯枝量	≤5%	≤25%	≤50%	≤75%	>75%
叶密度	浓密（85%～100%）	比较浓密（75%～80%）	稀疏（55%～75%）	很稀疏（35%～55%）	极为稀疏（<35%）
叶形	叶形正常	少量叶变小	较多叶变小	大量叶变小	全部叶变小
叶色	整体正常绿色	少量叶色异常	较多叶色异常	大量叶色异常	全部叶色异常
树皮枯死	无枯死或脱落	枯死量≤1/8 树干周长	枯死量≤1/3 树干周长	枯死量≤1/2 树干周长	枯死量>1/2 树干周长
外部空洞	无空洞	空洞量≤1/8 树干周长	空洞量≤1/3 树干周长	空洞量≤1/2 树干周长	空洞量>1/2 树干周长
内部空腐率	≤5%	≤15%	≤30%	≤50%	>50%

对于健康状况处于开始衰退和衰退等级的古树，特别是大型古树大枝和树干空腐严重，存在严重的风折或风倒隐患，需及时进行树体稳固性评价，有针对性地采取树体支撑保护措施。采用树木雷达（TRU）进行古树树体及大枝空腐无损伤检测，

检测准确率达 90% 以上。每年 12 月时树干含水率最低，为最佳检测时间。

四、古树不定根诱导复壮

古树不定根诱导复壮技术是指利用树木的自然愈合力，通过人工清除树干下部的腐朽组织，刺激创伤产生愈伤组织，诱导产生不定根系，增强古树根系机能，结合土壤改良方法改善古树生境质量，促进树势恢复的方法。目前，这项技术在日本和韩国得到了广泛应用。

不定根诱导促使树势恢复的技术关键：为诱导不定根创造最适宜的生长环境，促进不定根生长，直至根系到达自然土壤。由于新形成的不定根具有返幼（树木复幼）特征，增强了古树生长吸收水分和养分的能力，进而改善了古树名木的生长势，使其树势得到恢复。这项技术适用于愈伤组织比较发达、容易诱导产生不定根系树种的古树救治。在实际应用时，需同时辅助以土壤改良措施才能达到恢复古树树势的效果。

不定根诱导树势恢复技术在日本相对比较成熟，特别是日本 NPO 法人社会在利用自然治愈力开展不定根诱导进行古树名木树势恢复方面已开展系统的试验研究，并形成了完整的治疗方案和丰富的实践案例。例如，皂荚（*Gleditsia sinensis*）古树位于日本国立代代木公园西门附近的水泥园路右侧 60～70 m 处。该古树已经高度腐朽并出现空洞，2000 年曾经通过填充支撑等传统手段进行稳固保护管理，但保护效果不明显，树势明显衰退。当时，古皂荚树整个树体倾斜，通过一根单杆木柱对其进行支撑，使其稳固；树干周围设置了木制围栏防止游人靠近，但围栏四周游人的踩踏造成古树周围土壤密实、透气性降低，严重影响了根系的呼吸和营养吸收；腐朽的树干空洞采用钢筋骨架和水泥砂浆填充修复，空洞的高度达 1～2 m，宽度近树干周长的 1/3，整体树势很差，部分枝条呈现瘤状病害。2000 年，改用树干不定根诱导技术辅助土壤复壮对该皂荚古树进行抢救。2009 年 1 月，3 根粗壮的根系已经延伸生长到土壤中，撤去培养土的覆盖层可见到不定根的地上部分逐渐发育形成树干，不仅能输送养分和水分，而且对古树起到稳固支撑作用。皂荚古树枝叶浓密茂盛，树势已经得到很好的恢复。

西北农林科技大学在古树研究方面有一定的积累，受到国家林业和草原局的重视，2016 年，国家林业和草原局批准在西北农林科技大学成立了"古树名木保护繁育工程技术研究中心"。

作者简介

赵忠，男，1958 年生，西北农林科技大学教授，博士生导师，林学一级学科负责人，森林培育学科带头人，国家林业和草原局干旱与半干旱区植被恢复与重建技术创新团队负责人，国家级森林培育学教学团队带头人，陕西省教学名师，享受国务院政府特殊津贴专家。现任国家林业和草原局古树名木保护与繁育工程技术研究中心主任，西北农林科技大学秦岭研究院院长，兼任教育部高等学校林学类专业教学指导委员会副主任委员，中国林学会常务理事、森林培育分会副主任，陕西省林学会监事长。

主要从事森林培育研究与教学工作。主要研究领域为黄土高原森林景观化经营、古树名木保护、山杏精深加工。在国内外学术期刊以第一作者和通信作者身份发表论文 230 篇。获得陕西省科技进步奖一等奖 1 项、二等奖 2 项，国家级教学成果奖二等奖 1 项，陕西省高等教育教学成果奖特等奖 2 项、一等奖 2 项。

依据局部症状进行松材线虫病早期诊断与康复治疗技术研究

叶建仁

（南京林业大学教授，中国林学会森林病理分会主任委员）

松材线虫病又称"松树萎蔫病（pine wilt disease，PWD）"，其病原为松材线虫（*Bursaphelenchus xylophilus*），是一种系统侵染性病害，具有寄主范围广、传播速度快、感病后死亡速度快等特点。该病害起源于北美，最早于 1905 年在日本被发现；后从日本传至中国、韩国等地区。我国于 1982 年在南京中山陵首次发现松材线虫病，此后此病害在全国范围内迅速蔓延，造成了重大的经济损失。

目前，松材线虫病的防控措施主要有疫情监测、病害检疫、媒介昆虫防治、疫木除治、树干注射等。这些防控措施都是针对松材线虫病的预防措施，缺乏针对松树感病后的康复治疗措施。松材线虫病的治疗技术对于控制松材线虫病，尤其是保护古树名木具有重要意义。松材线虫病康复治疗的主要难点在于染病株的早期诊断和可在生长季节使用的治疗性药剂。

松材线虫病早期诊断技术的关键在于能在染病松树的主干树液停止流动前，精准诊断松材线虫病，从理论上说越早被诊断越有可能被治愈。目前，国内外都缺乏松树染病后有效的早期诊断技术。对于染病株的治疗药剂，由于松材线虫病在树木

---

* 2022 年 7 月，在山东泰安举办的第八届中国森林保护学术大会上作的主旨报告。

生长季开始传播感染，因此用于病株治疗的化学药剂首先要能够在树木生长季被树体吸收，目前市售的松树注干药剂大多局限于在树木非生长季节应用。

本研究拟通过比较染病松树外部局部细微症状的早期表现来寻找松材线虫病的早期诊断方法，在此前提下，寻找在树木生长季仍能被树体吸收的树干注射剂进行治疗性试验，以探究在不同感病阶段进行早期诊断和康复治疗的可能性，从而为松材线虫病染病松树的治疗提供可能的技术方法。

一、试验方法

（一）试验样地与材料

试验地选择在江苏句容林场摇令口工区 19 年生赤松和黑松试验林，平均胸径约 16 cm。试验注干药剂为经本团队初期试验表明可在夏季树木生长季进行树干注射的 20% 甲维盐 SL。

（二）感病松树选择

2021 年 5 月—2022 年 9 月，在试验林中依据天牛咬食伤口、针叶变色情况、天牛产卵刻槽、树体流脂情况等，采集疑似感病的枝条，带回实验室，采用贝尔曼漏斗法分离线虫，在显微镜下进行线虫形态学鉴定和用松材线虫分子检测仪检测，确定样品是否有松材线虫。

（三）松材线虫形态学鉴定

通过贝尔曼漏斗法分离获得的虫液，经清洗离心，吸取离心管底部的线虫液，置于光学显微镜下观察。通过观察线虫头部、尾部、口针、食道腺以及生殖系统等对线虫进行形态学鉴定。

（四）松材线虫分子检测

在光学显微镜下观察到疑似松材线虫后，将其吸 20 μL ～ 1.5 mL 离心管，加入

20 μL 线虫 DNA 提取液 A 液和 2 μL 线虫 DNA 提取液 B 液，振荡混匀，将离心管放入金属浴中，95 ℃加热 45 min，65 ℃加热 10 min，12 000 r·min⁻¹ 离心 3 min 后取上清 3.5 μL 加入 200 μL PCR 管中；加入 5 μL 松材线虫检测试剂 K 液和 1.5 μL 松材线虫检测试剂 P 液，振荡混匀，短暂离心；将 PCR 管置于 Bx-48 松材线虫自动化分子检测仪（杭州博日科技股份有限公司）进行分子检测。

（五）主干取样

检测到疑似感病松树小枝内有松材线虫后，用生长锥在感病松树主干胸高处取样，通过上述方法检测是否有松材线虫。

（六）药剂治疗

对确诊染病的松树进行药剂治疗。2021 年治疗采用的是自流式注干法，即在感病松树胸高处斜 45° 钻孔 10 cm 深，插入注药瓶，在瓶底扎孔，一周后观察药剂进入树体情况。2022 年治疗采用的是直接注入法，即在松树胸高处斜 45° 用 8 mm 钻头钻孔 10 cm 深，用移液枪吸取药剂直接注入钻孔，用橡皮泥堵住钻孔。

（七）初诊准确率

根据松树的表观染病特征，采集疑似株样品，经过线虫形态学和分子学检测确诊，依据初诊疑似株和确诊株的比例获得初诊准确率，计算公式为

$$初诊准确率 =（确诊株数 / 初诊株树）\times 100\%$$

（八）药剂残留检测

注干治疗一年后，分别取 2021 年的两种注药量（注干 20 mL 和 10 mL 20% 甲维盐）的感病松树，取注干点以上 4 m 侧枝样品，采用液相色谱质谱联用仪 Agilent1290-6470 检测药剂在树体内的残留情况。

二、实验结果与分析

（一）感病早期外部症状观察与感病阶段划分

与松材线虫病感染有关的外部异常特征包括天牛咬食小枝痕迹、局部小枝上针叶变色、树干上天牛产卵刻槽、整株针叶变色等（图1）。天牛咬食痕迹一般最先出现在松树嫩枝处，咬食过后，天牛所携带的松材线虫可从咬食伤口处侵入嫩枝，经过一段时间，局部小枝上的针叶开始变色，线虫在小枝内大量繁殖并逐渐转入主干，整株松脂分泌减少，树势衰弱，吸引媒介天牛产卵，在衰弱松树主干处留下天牛产卵刻槽，最后松树整株出现枯萎。

（a）天牛咬食伤口　　（b）针叶变色　　（c）针叶枯萎　　（d）天牛产卵刻槽

图1　感染松材线虫病松树外部症状表现

依据感病松树外部异常表现及实际情况观察，将不同感病程度划分为5个阶段（表1）：仅有天牛咬食伤口，小枝上针叶尚未变色为早期1阶段；仅有单个枝条上有针叶轻微变色为早期2阶段；仅单个枝条上有针叶枯萎死亡为中期1阶段；有多个枝条上有针叶变色枯萎，整株枯萎比例小于50%为中期2阶段；大于50%枝条上的针叶枯萎或树干上有大量天牛产卵刻槽为感病晚期，观察发现松树针叶未明显变色仍有可能已处于感病晚期。

表1　松材线虫感病阶段划分

感病阶段	外部症状	松脂情况
早期1	有天牛咬食伤口，针叶未变色	++++
早期2	有天牛咬食伤口，针叶轻微变色	+++
中期1	有天牛咬食伤口，单个小枝枯萎	+
中期2	有天牛咬食伤口，针叶枯萎小于50%，有产卵刻槽	-
晚期	有咬食伤口，针叶枯萎大于50%、整株变色或有大量产卵刻槽等	-

注："+"表示松树流脂程度，"+"越多表示松脂越多，"-"表示无松脂。

研究发现，在松材线虫病感病早期1阶段，松树内松脂情况正常；早期2阶段松脂量略微减少；到中期1阶段松脂已明显减少；至中期2阶段松脂已完全消失；感病晚期，树体木质部已有蓝变现象。

（二）各感病阶段初诊数与确诊率

2021年和2022年两年试验中，初诊病株与确诊病株情况见表2。2021年在林分中初诊感染35株，后确诊13株；2022年在林分中初诊感染36株，确诊16株，初诊株以早期感病树为主。综合两年结果，各阶段疑似确诊率见表3，从表中可以看出，早期1、2阶段有天牛咬食伤口且枝条未变色或仅单枝变色，总确诊概率为25.9%。将早期具体分为两个阶段，早期1阶段确诊率仅为20.4%，早期2阶段确诊率高达80%，与中期确诊率相近，早期2阶段确诊率显著提升。感病中期枝条多枝变色（变色比例＜50%）时，确诊概率为84.6%；感病晚期枝条变色比例＞50%，有天牛产卵刻槽，确诊概率是100%，且在晚期在感病4株松树侧枝与主干取样，在光学显微镜下均观察到大量松材线虫。

表2　2021年和2022年疑似确诊松树　　　　　单位：株

感病阶段	2021年初诊数	2021年确诊数	2022年初诊数	2022年确诊数
早期1	24	4	25	6
早期2	3	2	2	2
中期1	1	1	1	1

续表

感病阶段	2021 年初诊数	2021 年确诊数	2022 年初诊数	2022 年确诊数
中期 2	7	6	4	3
晚期	0	0	4	4
总计	35	13	36	16

表 3　2021 年和 2022 年各感病阶段总确诊率

感病阶段	初诊数 / 株	确诊数 / 株	确诊比率 /%
早期 1	49	10	20.4
早期 2	5	4	80.0
中期	13	11	84.6
晚期	4	4	100.0

（三）不同感病阶段药剂治疗效果

2021 年，不同感病阶段共确诊感病松树 13 株，包括 6 株感病早期和 7 株感病中期松树。其中 1 株早期 2 阶段和 2 株中期 2 阶段松树作为对照组不注药，剩余 5 株早期阶段（4 株早期 1 阶段和 1 株早期 2 阶段）均注干 10 mL 20% 甲维盐［图 2（A）～图 2（E）］；1 株中期 1 阶段注药 10 mL［图 2（F）］，4 株中期 2 阶段松树中 2 株注药 20 mL［图 2（G）、图 2（H）］，2 株注药 10 mL［图 2（I）、图 2（J）］；每隔一个月观察记载一次松树发病情况。结果对照的 3 株树均在 3 个月内死亡；感病早期的 5 株注药 20% 甲维盐 10 mL 的松树，到第二年的 2022 年 9 月 29 号，不仅没有死亡，而且症状也没有进一步发展［图 2（a）～图 2（e）］；1 株中期 1 阶段注药 10 mL 松树［图 2（f）］当年未死亡，至 2022 年 9 月 29 号，症状发展至晚期阶段；2 株中期 2 阶段松树注药 10 mL 20% 甲维盐均在 2021 年当年死亡，2 株中期 2 阶段松树注药 20 mL 20% 甲维盐在 2021 年当年均未死亡，至第二年 2022 年 9 月 13 日其中一株死亡，另一株直至 2022 年 9 月 29 日不仅活着，而且无明显症状发展［图 2（g）、图 2（h）］。

（A）注药 10 mL，
2021-07-30

（B）注药 10 mL，
2021-08-03

（C）注药 10 mL，
2021-08-06

（D）注药 10 mL，
2021-08-10

（E）注药 10 mL，
2021-07-13

（a）与（A）图同株，
2022-09-29

（b）与（B）图同株，
2022-09-29

（c）与（C）图同株，
2022-09-29

（d）与（D）图同株，
2022-09-29

（e）与（E）图同株，
2022-09-29

（F）注药 10 mL，
2021-08-03

（G）注药 20 mL，
2021-07-13

（H）注药 20 mL，
2021-07-13

（I）注药 10 mL，
2021-08-10

（J）注药 10 mL，
2021-08-03

（f）与（F）图同株，
2022-09-29

（g）与（G）图同株，
2022-09-29

（h）与（H）图同株，
2022-09-13

（i）与（I）图同株，
2021-09-25

（j）与（J）图同株，
2021-10-23

图 2　2021 年感病松树注药治疗效果

［注：分图题下数字代表拍摄时间（年 - 月 - 日）。A、B、C、D 为早期 1 阶段松树，E 为早期 2 阶段
松树，F 为中期 1 阶段松树，G、H、I、J 为中期 2 阶段松树。］

2022 年，共确诊感病松树 16 株，其中包括 8 株早期、4 株中期和 4 株晚期。取一株早期 1 阶段松树作为对照不注药，结果 2022 年 9 月 29 日该株树即整株枯萎死亡 [图 3（h）]；另 7 株早期松树（早期 1 阶段 5 株，早期 2 阶段 2 株）均注 5 mL 20% 甲维盐，结果 2022 年 9 月 29 日均未有进一步症状发展（图 3）；4 株中期感病松树均注药 15 mL 20% 甲维盐（表 4）。结果至 2022 年 9 月 29 日，2 株中期 2 阶段松树死亡，另 1 株中期 2 阶段和 1 株中期 1 阶段松树症状没有进一步发展；4 株晚期松树注药 20 mL 20% 甲维盐，结果仍在注药后 1 个月内死亡。

表 4　2021 年和 2022 年确诊株松树注药情况　　　　单位：株

注药情况	2021 年 7—8 月		2022 年 7—8 月		
	早期	中期	早期	中期	晚期
注药 20 mL	0	2	0	0	4
注药 15 mL	0	0	0	4	0
注药 10 mL	5	3	0	0	0
注药 5 mL	0	0	7	0	0
CK（未注药）	1	2	1	0	0

试验表明，对于感病晚期松树，注药已无明显治疗作用；对于感病中期松树，注射高剂量甲维盐（20 mL20% 甲维盐）仍可能抑制病情发展，具有一定的治疗效果；对于感病早期松树，甲维盐作用效果明显，注药 5 mL 20% 甲维盐即可抑制其发病，使得染病株康复。

（四）2021 年感病松树注干甲维盐 1 年后药剂在松树体内的残留分析

针对 2021 年染病松树注药治疗一年后依然保持健康的松株，进行药剂在松树体内的残留检测。检测结果如下，注药 20 mL 和 10 mL 20% 甲维盐一年后，在注干点以上 4 m 侧枝处测得的药剂残留分别为 0.18 mg·kg⁻¹ 和 0.06 mg·kg⁻¹（表 5）。这表明该药剂在树木生长季注射不仅能在树体内输导至顶部枝条中，而且一年后依然有一定的残留量，该残留浓度无疑对于染病株持续康复以及松树预防松材线虫的再度

图 3 2022 年感病松树注药治疗效果

（A）注药 5 mL，2022-07-18　　（B）注药 5 mL，2022-07-11　　（C）注药 5 mL，2022-07-18　　（D）注药 5 mL，2022-08-02　　（E）注药 5 mL，2022-07-11　　（F）注药 5 mL，2022-07-11　　（G）注药 5 mL，2022-07-03　　（H）CK 不注药，2022-07-18

（a）与（A）同株，2022-09-29　　（b）与（B）同株，2022-09-29　　（c）与（C）同株，2022-09-29　　（d）与（D）同株，2022-09-29　　（e）与（E）同株，2022-09-29　　（f）与（F）同株，2022-09-29　　（g）与（G）同株，2022-09-29　　（h）与（H）同株，2022-09-29

［注：分图题下数字代表拍摄时间（年 - 月 - 日）。A、B、C、D、E、H 为早期 1 阶段松树，F、G 为早期 2 阶段松树。］

感染都具有积极意义。

表 5 20% 甲维盐注药 1 年后药剂在树体内的残留情况

注药量	药剂残留 / $(mg \cdot kg^{-1})$
20 mL	0.18
10 mL	0.06

三、实验结论与讨论

本研究表明，通过观察松树感染松材线虫病后的局部症状表现进行初步诊断，进而进行形态或分子检测确诊，可以获得有治疗窗口期的早期诊断。其中，根据个别最先出现的染病小枝上有天牛咬食伤口且针叶有轻微变色的症状进行的初诊，其确诊率可以达到 80% 以上；对于该早期阶段确诊的感病松树及时注药治疗（如 20%甲维盐，5 ~ 10 mL，一般剂量），不仅可以阻止病情进一步发展，还可使染病树恢复健康。根据染病松树上有天牛咬食伤口，且有多个小枝针叶变色的症状（变色比例 < 50%）进行的初诊，确诊率可达 84% 以上；对于该阶段的染病树及时注药（如20% 甲维盐，15 ~ 20 mL，较大剂量）也可以在一定程度上阻止病情的进一步发展，其中的一些染病株还可能恢复健康。当染病松树不仅有天牛咬食伤口，且针叶变色比例大于 50% 时，虽然初诊的确诊率可以达到 100%，但此时的染病松树基本上已经失去了有效治疗的时间窗口。对于染病早期树进行注药治疗，树体不仅可以康复，且药剂在树体中还可保持一段时间，继续发挥防病作用。

研究中发现有天牛咬食伤口的松树未必一定染病，可能是因为天牛补充营养过程未必每次都会发生线虫侵入小枝的情况，或是没有足够数量的线虫入侵，健康松树对少量的线虫入侵有抵御作用。当小枝上有少量针叶开始有轻微变色时，确诊松材线虫病的概率就大大提高，而且在这一时期实施治疗效果也比较好。

有一株有多个枝条针叶变色（中期 2 阶段）的感病松树，当给予注药 20 mL 20% 甲维盐后，外部症状未有进一步发展，但在其主干上取样仍能检测到松材线虫，说明药剂进入树体后未必能杀死树体内的所有线虫，对于线虫活体，树体内存留的药剂可以继续发挥抑制生长和繁殖作用，但随着时间的推移，药剂残留会逐渐减少直至没有，此时树体内的线虫仍有可能继续生长繁殖，导致松树死亡。

甲维盐注干施药在国内外防治松材线虫病中得到成功的应用，其在树体内的含量与残留是其发挥作用的重要前提，但甲维盐注干施药后的残留分布动态尚未有系统研究。本研究用 20% 甲维盐在生长季节注干施药，并于注药一年后取侧枝检测药剂残留，注药 20 mL 和 10 mL 的残留结果分别为 0.18 mg · kg^{-1}、0.06 mg · kg^{-1}。这比其他人的研究结果都要偏低，可能是因为本研究注药的松树大多枝叶茂盛，分散了药剂在树体中的残留；且本实验采样枝条为最外围四级侧枝，药剂残留偏少。此外，该药剂在生长季节注射，松脂分泌旺盛，对疏导可能也存在一定影响。当然，从另一方面来看，染病早期松树被注药后病情均未进一步发展，说明在树体内该药剂残留量已经足以抑制松材线虫在松树体内的繁殖扩张，这可以为今后树干注射治疗松材线虫病研究提供参考。

作者简介

叶建仁，男，1958 年生，南京林业大学教授，博士生导师。曾任南京林业大学党委常委、副校长。现为南京林业大学森林保护学科带头人，中国林学会森林病理分会主任委员，国家林业和草原局林业有害生物防控重点实验室主任，国家林业和草原局全国危险性林业有害生物检测鉴定技术培训中心主任，江苏省首席科学家，全国优秀科技工作者。长期致力于松材线虫病和松针褐斑病等我国重大检疫性林木病害的流行规律与防控技术研究。

我国商品林病虫害的现状与防控思考

周国英

（中南林业科技大学教授，中国林学会森林病理分会副主任委员）

商品林是以生产林产品、发挥最大的林业经济效益为目的的森林，包括经济林和用材林。经济林产品包括油茶、核桃等木本油料，板栗、枣等木本粮食与干果，等等。第九次全国森林资源清查数据显示，全国商品林面积 14.2 亿亩，南方省份商品林近 10 亿亩，占全国 70%，以人工林为主。全国森林病虫害的发生面积占森林总面积的 8.2%，占人工林面积的 23.7%，已成为制约我国林业可持续发展的重要因素之一，森林病虫害防控迫在眉睫。

一、我国商品林病虫害的现状

随着国家乡村振兴战略实施，近年来全国大力发展经济林、人工用材林、珍贵树种用材林。因气候变化、栽培结构较为单一等因素影响，我国常发生很严重的病虫害问题。

（一）经济林病虫害

我国是经济林种植大国，经济林种植面积及产品总量均居世界首位。截至 2021 年，全国经济林种植面积超过 6 亿亩，年产量超过 2 亿 t，年产值超过 2.2 万亿元。

---

* 2022 年 7 月，在山东泰安举办的第八届中国森林保护学术大会上作的主旨报告。

经济林可增加农民收入，助力乡村振兴。但随着经济林规模不断扩大，病虫灾害频繁爆发。下文重点介绍油茶、核桃、板栗和枣等经济林病虫害情况。

1. 油茶病虫害

我国危害油茶（*Camellia oleifera*）的病虫害种类很多，每年造成油茶损失为总产量的 10% ～ 25%，严重年份及少数产区达 40% ～ 80%。油茶病虫害不仅影响油茶的产量，也影响茶油的品质。

油茶主要病害种类为油茶炭疽病、油茶软腐病、油茶茶苞病、油茶烟煤病、油茶藻斑病、油茶半边疯、油茶根腐病、油茶根结线虫病。有害寄生植物为菟丝子、桑寄生、槲寄生、无根藤。

油茶主要害虫种类为茶籽象甲、油茶毒蛾、油茶尺蠖、油茶叶蜂、绿鳞象甲、茶角胸叶甲、假眼小绿叶蝉、茶奕刺蛾、广西灰象、茶褐蓑蛾、茶梢蛾、油茶蛀茎虫、黑跗眼天牛、金龟子、黄翅大白蚁、黑翅土白蚁等。

2. 核桃病虫害

现已发现核桃（*Juglans regia*）病害 30 余种，虫害 120 种，对核桃树的产量影响很大，给核桃生产带来重大损失。

核桃主要病害种类为白粉病、褐斑病、灰斑病、细菌性黑斑病、炭疽病、霜点病、枝枯病、溃疡病、腐烂病、根腐病、核桃膏药病、根结线虫病、仁霉烂病、日灼病、缺素症、枯梢病。

核桃主要虫害种类为核桃长足象、核桃扁叶甲、核桃举肢蛾、核桃小吉丁虫、云斑天牛、黄须球小蠹、芳香木蠹蛾、核桃黑斑蚜、核桃细蛾、舞毒蛾、黄刺蛾、铜绿金龟、核桃根象等。

3. 板栗病虫害

板栗（*Castanea mollissima*）的病虫害种类较多，危害板栗最为严重的病害为胴枯病、炭疽病、白粉病、芽枯病；虫害主要为栗实象甲、红蜘蛛、桃蛀螟、透翅蛾、栗瘿蜂等。

4. 枣树病虫害

危害枣树（*Ziziphus jujuba*）的病虫害种类繁多，其中危害较重的病害为枣缩果病、枣疯病、炭疽病、枣裂果病、疮痂病、锈病等。危害较重的虫害为枣实蝇、枣瘿蚊、卷叶蛾、桃小食心虫、枣飞象、蝽类、金龟子等。

（二）珍贵树种人工林病虫害

下文重点介绍海南热带珍贵树种病虫害情况。

1. 降香黄檀病虫害

降香黄檀（*Dalbergia odorifera*）是我国珍贵红木品种之一，是贵重家具、乐器和雕刻工艺品的上等用材。现报道其主要病害有炭疽病、黑痣病、叶枯病等；其主要虫害有双线卷裙夜蛾、棕斑澳黄毒蛾、灰卷裙夜蛾、黑肾卷裙夜蛾、毒蛾、金龟子、白蛾蜡蝉、天牛等。

2. 土沉香病虫害

土沉香（*Aquilaria sinensis*）又叫"白木香""女儿香"等。目前，我国南方地区广泛栽培种植的品种，是生产药用沉香的植物资源，为我国特有的珍贵经济树种。现报道的其主要病害有枯萎病、炭疽病、煤污病、根结线虫病等；主要虫害包括天牛、金龟子、卷叶虫、黄野螟等。

3. 檀香病虫害

檀香（*Santalum album*）被称为"黄金之树"，其心材是名贵的中药，根部、主干碎材可以提炼精油，檀香精油俗称"液体黄金"。现报道的主要病害有煤污病、炭疽病、根腐病、立枯病、灰斑病；主要虫害有桑寄生粉蝶、金龟子、糠片盾蚧、象鼻虫、红蜘蛛、尺蠖、双线盗毒蛾、卷叶蛾、白囊蓑蛾等。

4. 越南黄檀病虫害

越南黄檀（*Dalbergia tonkinensis*）原产中国大陆最南端的广东省徐闻县，成材缓慢、木质坚实、花纹漂亮。现有报道其主要病害有猝倒病、锈病、叶斑病；主要虫害有蟋蟀、伪尺蠖。

（三）用材林病虫害

下文重点介绍松树、杉木、杨树及桉树的病虫害。

1. 松树病虫害

松树（*Pinus Linn*）种类多、分布广。现报道其主要病害有松材线虫病、枯梢病、褐斑病、立枯病、松苗叶枯病、松叶枯病、松赤枯病、松落针病等；主要虫害有松毛虫、松墨天牛、松干蚧、松突圆蚧、松梢螟等。

2. 杉木病虫害

杉木（*Cunninghamia lanceolata*）是速生树种，用途广。现报道其主要病害有炭疽病、叶枯病、黄化病、赤枯病、芽枯病、顶枯病等；主要虫害有小卷蛾、双条杉天牛、金龟子、云杉八齿小蠹、狭冠网蝽等。

3. 杨树病虫害

杨树（*Populus* spp.）现报道的主要病害有白粉病、锈病、黄化病、黑斑病、腐烂病、叶枯病、溃疡病、烂皮病等；主要虫害有杨扇舟蛾、天牛、红蜘蛛、白杨透翅蛾等。

4. 桉树病虫害

桉树（*Eucalyptus robusta*）具有生长快、轮伐期短、用途广等优势。现报道的其主要病害有焦枯病、茎腐病、青枯病、叶斑病、灰霉病、褐斑病、炭疽病、溃疡病、猝倒病等；主要虫害有小卷蛾、两点褐鳃金龟、木虱、白蛾蜡蝉等。

二、商品林主要树种病虫害防控阶段性研究成果

以下主要介绍"十一五"至"十三五"期间，中南林业科技大学森林保护科研团队在商品林主要树种病虫害防控方面的阶段性研究成果。

（一）油茶主要病虫害无公害防治研究

油茶是我国特有的木本食用油料树种，长期食用茶油能够有效地抑制和预防多种心脑血管疾病的发生，增强人体免疫力。2022 年中央一号文件提出，支持扩大油茶种植面积，改造提升低产林。

生产上，油茶病虫害引起落花落果、减产严重，防治难。用化学防治方法，会导致油茶抗药性突出、环境污染严重、产品残留农药含量超标、天敌数量减少、生态系统被破坏等问题。为此，项目组开展了油茶主要病虫害无公害防治研究，建立了以油茶营林措施为基础、生物防控为核心的病虫害无公害防治技术体系，推动了油茶产业转型升级，取得了质量和效益上的新突破。

（1）创新发现油茶炭疽病病原菌为复合病原菌，主要病原菌为果生刺盘孢（*Colletotrichum fructicola*），其中果生刺盘孢（*C. fructicola*）、暹罗刺盘孢（*C. siamense*）、春兰炭疽病致病菌（*C. boninense*）为首次在油茶上发现（图 1）。病菌在不同地区间扩散是以无性繁殖方式为主的，病菌种内存在重组和种间杂交现象，油茶炭疽病菌复杂，所以防治难。

（2）建立了油茶林土壤健康菌肥调控技术。从油茶林土壤中分离筛选出了高效功能微生物，创新用这些功能菌群研制了油茶生物菌肥。菌肥的应用极大地减少了化肥施用，提高了油茶的产量。同时，油茶林病虫害明显减少。

（3）构建了油茶主要病害早期诊断分子检测技术。研制了油茶炭疽病菌分子快速检测试剂盒，建立了巢式聚合酶链式反应（PCR）检测技术体系，用于油茶苗木、

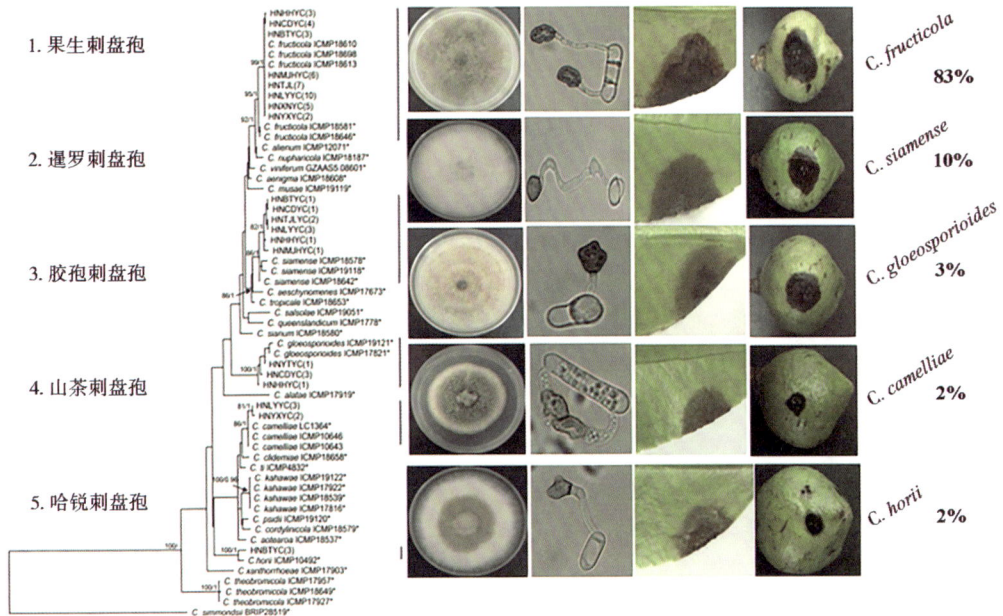

图 1　炭疽菌系统发育树

（注：该炭疽菌为来自中国油茶主产区的炭疽病菌。）

繁殖体任意组织病害早期诊断。

（4）研究出基于高光谱遥感技术的油茶炭疽病监测，筛选到病害监测敏感波段。油茶冠层光谱的一阶微分值与病情指数在 526 ～ 569 nm 和 583 ～ 607 nm 两个波段呈极显著正相关，在 480 ～ 513 nm 和 669 ～ 727 nm 两个波段呈极显著负相关，其他波段相关性波动较大。

（5）研发了油茶主要病虫害生物防控的 3 种专用生防菌剂，防效显著。项目组从油茶健康叶内筛选出高效拮抗菌，研发出油茶病害防控专用的内生拮抗细菌 Y13 菌剂（微生物菌剂 I），油茶苗木和幼林专用的拮抗放线菌 F10 保健剂（微生物菌剂 II）、油茶虫害防控专用白僵菌剂（微生物菌剂 III），林间应用效果较好。它们极大地减少了农药施用，保护了环境，保障了茶油的安全，生产出绿色茶油（图 2、图 3）。

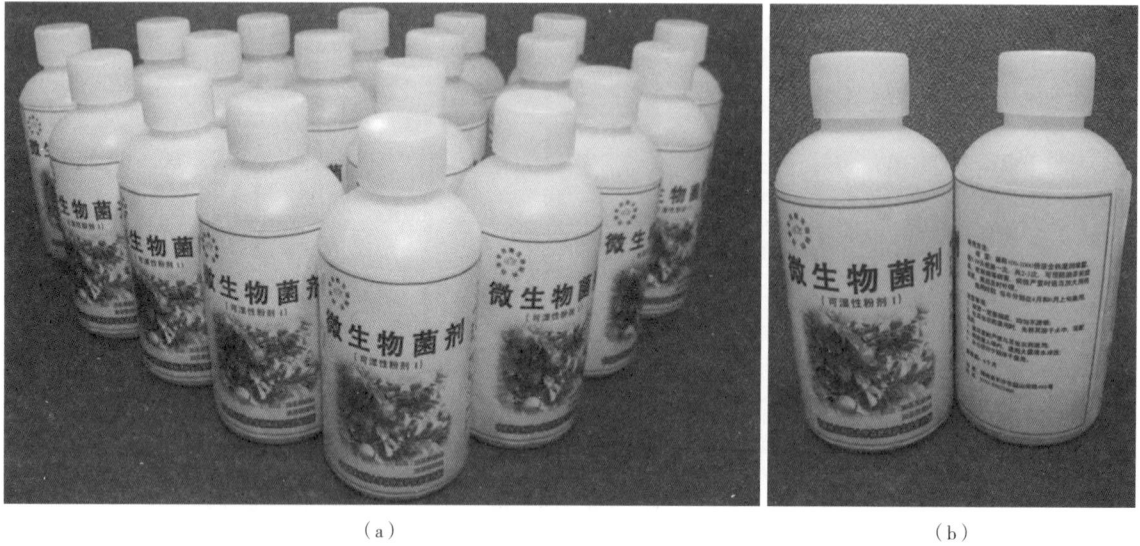

（a）   （b）

图 2　油茶病害专用微生物菌剂 I

（a）   （b）

图 3　油茶病害专用微生物菌剂 II

（二）热带乡土珍贵树种病虫害及人工林健康经营技术研究

海南以生产珍贵的热带木材而闻名。降香黄檀、坡垒、土沉香作为入选《国家储备林建设规划（2018—2035 年）》的"长周期树种"，它们的病虫害种类不断增多，前期基础研究薄弱，生产上防治难度大。中南林业科技大学科研团队在海南"产学研"基地开展了一系列研究，重要研究成果如下：

1. 热带珍贵树种人工林主要病虫害发生规律及监测预警技术

首次系统调查了热带乡土珍贵树种主要病虫害，其中新记录73种（图4～图6）；确定了降香黄檀、土沉香、母生、坡垒、檀香、越南黄檀等6种热带乡土珍贵树种主要病虫害种类；首次系统研究并揭示了降香黄檀黑痣病、双线卷裙夜蛾、棕斑澳黄毒蛾、坡垒炭疽病、母生珐蛱蝶、短梳角野螟、檀香炭疽病等12种主要病虫发生流行规律；构建了降香黄檀黑痣病早期分子诊断技术，建立了降香黄檀人工林病虫害遥感监测预警技术体系。

图4　降香黄檀黑痣病　　　　　　图5　棕斑澳黄毒蛾

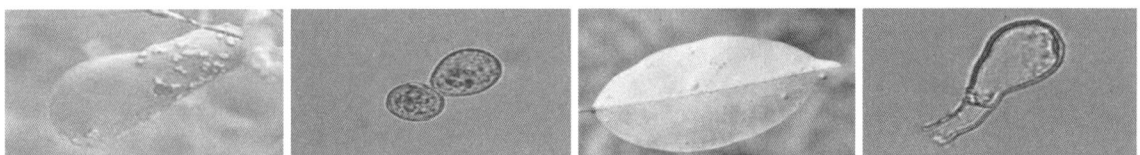

（a）夏孢子堆　　　　（b）夏孢子　　　　（c）冬孢子堆　　　　（d）冬孢子

图6　越南黄檀锈病发病症状及孢子形态

2. 热带珍贵树种种质资源收集及抗性选育

收集保存降香黄檀、坡垒、土沉香、山柚等热带乡土珍贵特色植物种质资源，建立了林木种质资源保存库；选育认定海南省级林木良种 7 个，良种具有抗病性。

3. 热带珍贵树种人工林健康经营关键技术

研发了抗病促生的苗木保健剂 2 种，建立了苗木诱导抗性技术。研发了恢复地力的生物菌肥 4 种，建立了土壤健康生物菌肥调控技术。研发了降香黄檀等主要病虫害绿色生物源药剂 6 种，建立了生物防治技术。特别是新发现了越南黄檀锈病的菌食性天敌昆虫——锈菌瘿蚊（图 7），建立了病害天敌生物防治。构建了降香黄檀树种配置和林下植物复合经营模式 4 种（林药、林草、林肥、林农），建立了基于植物配置的病虫种群调控模式。

4. 热带乡土珍贵树种内生菌多样性及人工促心材技术

从土沉香已结香部位筛选出能促进土沉香结香的内生真菌，并研制了真菌促沉

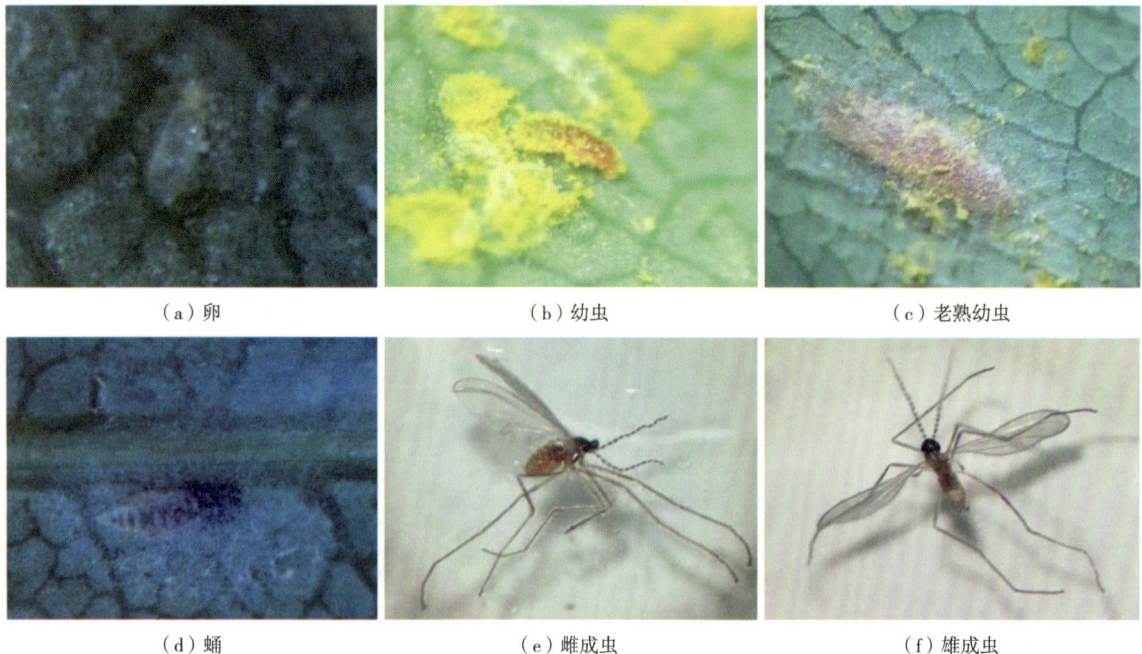

（a）卵	（b）幼虫	（c）老熟幼虫
（d）蛹	（e）雌成虫	（f）雄成虫

图 7 锈菌瘿蚊形态图

（a）

（b）

图 8　真菌促土沉香结香效果

香结香诱导剂，诱导土沉香人工促结香（图 8）。

（三）松杉人工林地力恢复与有害生物防控关键技术研究

松、杉是湖南省栽培面积较大的用材林，其人工林生产力下降、地力衰退及病虫害发生严重。为此，科研团队开展的研究成果如下：

1. 松、杉人工林高效复合菌根菌剂的研制及应用

（1）松、杉人工林内、外生菌根真菌（图 9）资源调查发现，湖南省松、杉人工林根际土壤中的内生菌根、外生菌根真菌优势种群。

（2）在调查基础上，自主分离、筛选到优良外生菌根真菌 4 株。

（3）建立了 3 种优势丛枝真菌，即摩西球囊霉、根内球囊霉、光壁无梗囊霉的扩繁体系。

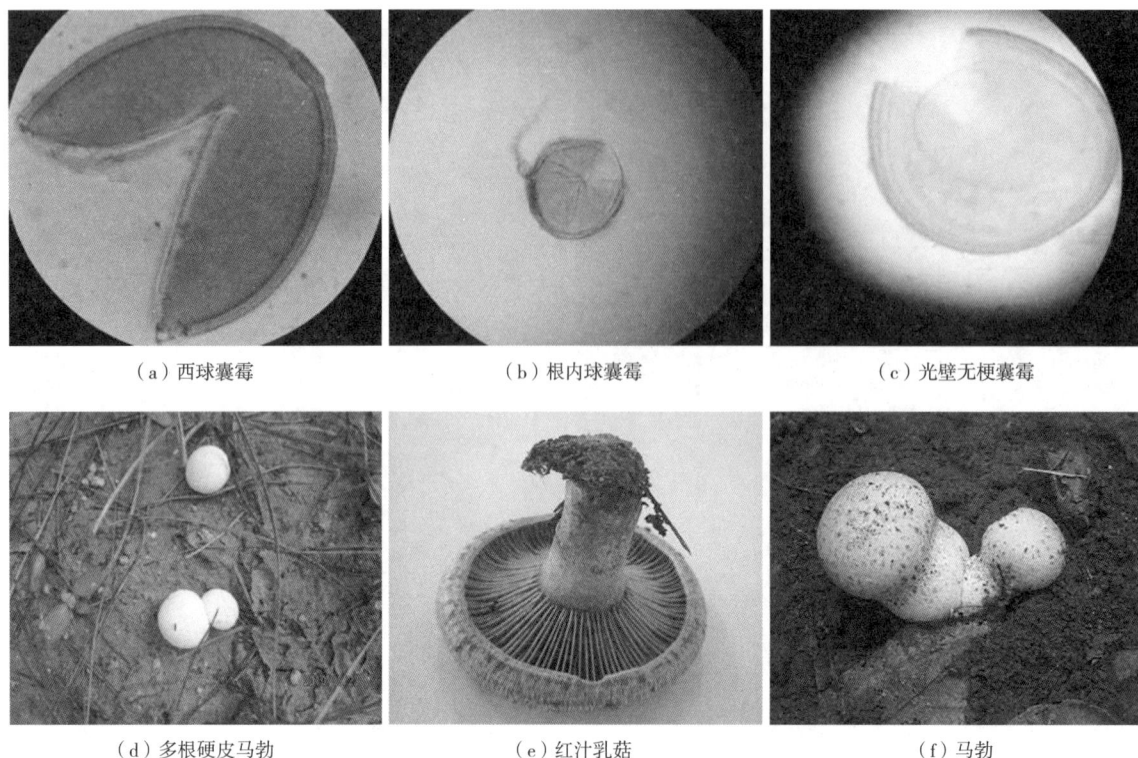

（a）西球囊霉　　　　　　　（b）根内球囊霉　　　　　　　（c）光壁无梗囊霉

（d）多根硬皮马勃　　　　　　（e）红汁乳菇　　　　　　　　（f）马勃

图9　松、杉人工林内生菌根真菌和外生菌根真菌

（4）将4种外生菌根真菌和1种内生菌根真菌进行优化组合，得到适于我国南方松、杉人工林的高效复合菌根菌剂的内、外生菌根真菌最优组合。

（5）施用复合菌根菌剂对松树和杉木的促生长效果明显、土壤微生态改良效果明显，同时根际土壤中有机质、碱解氮、速效磷和速效钾含量均有所提高。

2. 杉木人工林根际促生细菌（PGPR）肥料研制及应用

从杉木根际土壤中分离筛选出具有固氮能力的菌株16株，其中固氮能力较强，同时具有解磷和分泌吲哚乙酸能力的菌株3株；筛选到24株具有溶磷能力的菌株，其中具有高效溶磷能力菌株2株。将高效菌液以草木灰为载体（草木灰20%，发酵培养基50%，混合菌液30%），研制出1种杉木根际促生细菌菌肥，施用于杉木幼林，促生效果良好（图10）。

（a）施肥样地　　　　　　　　　　　　　　（b）未施肥样地

图 10　杉木人工林根际促生细菌肥料应用效果

3. 马尾松人工林微生物复合菌剂研制及应用

对马尾松外生菌根真菌和土壤溶磷菌株进行分离、筛选，以及本实验室前期分离得到的硅酸盐细菌菌株 K50，将液体培养的菌株混合后，吸附于灭菌的（泥炭：膨润土：玉米粉 =3：2：2）混合的载体上，按菌剂：载体 =1：10 为最佳比例进行吸附处理，制作成固体复合菌剂。将其应用于松苗，苗高增幅 77.6%，地径增幅 38.7%，生物量增幅 158.1%。

4. 松、杉人工林病虫害防控关键技术研究

（1）松梢螟植物源农药的研制及应用。当年湖南省衡山县松梢螟爆发。从 36 种植物提取物对松梢螟的防效筛选出的博落回、柚子皮、垂序商陆提取物效果较佳，研制了 3 种植物提取物 30%，松节油 5%，二甲基亚砜 55%，司班 -20 为 10%，暂称 MCP 乳剂。其与市售噻虫啉的防治效果相当。

（2）杉木炭疽病拮抗菌剂的研制及应用。从杉木根际土壤中分离到拮抗细菌 55 株，通过初筛和盆栽活体复筛，获得 1 株对杉木炭疽病有高效拮抗活性的菌株

（AM53），经鉴定为地衣芽孢杆菌（*Bacillus licheniformis*）。发酵优化研制的菌剂林间防效较好。

三、商品林病虫害防控思考

基于上述我国商品林病虫害发生状况及防治现状，对当前气候变化和栽培制度下的商品林病虫害防控措施，提出以下几点思考：

（一）我国商品林病虫害种群演替规律及成灾机理

对目前发生的病虫害基本情况的研究，除了个别病虫害之外，发生与成灾机理还不是很清楚，尤其是研究内容与现在的栽培管理现状和品种等脱节。很多科学问题亟待探讨。

（二）我国商品林病虫害早期监测与预警技术

运用现代分子生物学技术、"3S"技术、大数据等先进技术，打造精细化监测、遥感监测智能识别、人工智能大数据预测等"天空地"立体化监测技术体系，提升基层末端感知能力和监测预报水平。

（三）用材林病虫害防控应实施可持续控制策略

用材林病虫害具有突发性强、传播广、进化快的特点，加上气候的不断变化、用材林粗放经营、生态系统脆弱，其防治难度升级。特别是松材线虫病严重威胁了松类商品用材的生产。科学转变防治方法，加强综合治理，将森林病虫害防治工作贯穿于林木的整个生长周期，严格做好选苗、育种、造林、经营等各环节森林健康管理，不仅针对病虫防治，而是从整个森林健康经营角度去思考病虫害的防控，建立可持续控制技术体系。

（四）经济林病虫害防控

近年来，生态调控、生物防治、物理诱杀等病虫害防控新技术与新产品的大力推广和应用，极大丰富了我国经济林病虫害防治的技术手段。然而受社会经济发展水平、生产资料投入等客观条件限制，我国经济林病虫害防控主要还是以化学农药使用为核心。经济林病虫害绿色防控技术模式和体系尚未建立。只有科学集成适合我国经济林种植模式的绿色综合防治技术，才能破解病虫害防控技术集成应用程度低、大面积推广应用难等问题。

（五）珍贵树种人工林病虫害防控

珍贵树种在森林碳汇、水源涵养等生态领域具有重要的作用。目前，我国珍贵用材树种基本上是大面积的人工纯林，许多新的病虫害不断涌现，病虫害种群演替快、防治难。

作者简介

周国英，女，1966 年生，博士，教授，博士生导师。湖南省新世纪 121 人才工程人选，享受国务院政府特殊津贴专家。中南林业科技大学生命科学与技术学院副院长，经济林培育与保护教育部重点实验室副主任，森林有害生物湖南省重点实验室主任。兼任中国林学会病理分会副理事长、湖南省微生物学会副理事长。主要从事森林保护、林业微生物、生物防治等方面的研究。主持国家自然科学基金、国家科技支撑计划、留学归国人员科研项目等 20 余项。发表论文 110 余篇，其中 SCI 收录 30 余篇；编写专著 3 部。获授权发明专利 11 件。获国家科学技术进步二等奖（排名第 2）1 项，梁希林业科学技术一等奖、二等奖各 1 项，湖南省科技进步一、二等奖各 1 项，中国产学研合作创新与促进奖（产学研合作创新成果奖）、高等学校科学研究优秀成果奖（科学技术）二等奖各 1 项。

多功能树种青钱柳产业发展概况及展望

方升佐

（南京林业大学教授，青钱柳国家创新联盟理事长）

森林具有多种功能，联合国《千年生态系统评估报告》将其分为供给、调节、文化和支持等四大类。在森林培育过程中，选择一个或多个森林主导功能利用并且在不危及其他生态系统的条件下，合理保护和持续利用客观存在的林木和林地的生态、经济、社会和文化等所有功能，以最大程度地发挥森林对整个经济社会发展的作用。

中国作为全球第二大经济体、第一大排放国，林业碳汇的发展势在必行。据估计，我国实现碳达峰的预测峰值约为 106 亿 t。习近平总书记于 2020 年在第七十五届联合国大会上宣示，中国"二氧化碳排放力争于 2030 年前达到峰值，努力争取 2060 年前实现碳中和"。已有的研究结果认为，设计合理、结构完善的人工林生态系统，既可实现降低天然林日益减少带给人类社会的巨大木材需求压力，又可通过有效碳固持实现缓解全球气候变化等生态功能。随着对天然林结构与功能关系的认识，人们把实现人工林生态系统功能高效、稳定并可持续作为经营人工林的终极目标。因此，森林培育学科要向多功能森林资源培育转型升级，推进天然林资源培育

---

* 2022 年 8 月，在湖南长沙举办的第二十四届中国科学技术协会年会分会场——森林生态价值实现与绿色发展研讨会上作的特邀报告。

和人工林精准定向培育；森林质量精准提升和生产力大幅提高是当前森林培育的主要任务。然而，人工林定向培育是以树种和林分为基础的。下面仅以多功能树种青钱柳为例，谈谈其资源培育与开发利用情况。

一、青钱柳天然分布及开发利用价值

青钱柳（*Cyclocarya paliurus*）是胡桃科青钱柳属植物，因果似铜钱和叶具甜味又名"摇钱树"和"甜茶树"，为我国特有的单种属植物，是集药用、保健、材用和观赏等多种价值于一身的珍贵多功能树种。虽然青钱柳目前主要分布于我国亚热带地区的 15 个省（自治区、直辖市）156 个区（县），但从果实的化石研究发现约 6 500 万年前青钱柳属植物在北美、欧洲及东亚均有分布，但到了新生代青钱柳属在北美和欧洲走向灭绝。

作为多功能树种，青钱柳木材密度与我国传统的枪托用材胡桃楸相近，且其硬度适中、纹理通直，十分适合制作家具及胶合板等；青钱柳植株树姿十分优美，且果实很像中国古代的铜钱，也可以用作观赏、绿化和造林用的树种。据《中国中药志要》记载，青钱柳的树皮、树叶具有清热、解毒、止痛的功能，可用于治疗顽癣，长期以来民间用其叶片做茶。20 世纪 80 年代以来，一些以青钱柳叶为主要原料的初级保健品上市，经国内一些大专院校、科研机构及医院初步的动物及临床试验表明，青钱柳总提物、各活性部位及其化合物单体具有丰富的药理活性，包括降血糖、降血脂、降血压、抗氧化、抗肿瘤、增强机体免疫功能、抑菌以及抗疲劳等作用。

20 年前，青钱柳资源主要是天然林，不仅数量少，而且多零星分布于深山老林和一些自然保护区中。受其自身生物学特性的影响（花期不遇、种子具深休眠、无性繁殖很困难等）以及人为的过度利用，近年来其天然林资源急剧减少，明显影响了青钱柳的保护和开发利用进程。为了促进青钱柳天然林种质资源的保护，加快青钱柳人工林资源的培育与开发利用，实现青钱柳产业的可持续发展，南京林业大学自 2000 年开始进行青钱柳研究，目前已形成了青钱柳资源培育和开发利用等学科融合的研究团队，取得了丰硕的研究成果。特别是在南京林业大学青钱柳研究团队的努力下，2013 年青钱柳叶被国家卫生和计划生育委员会列入新资源食品目录，极大推动了我国青钱柳产业向前发展。据不完全统计，截至 2021 年，中国青钱柳栽培面积约 5 万 hm²，年产叶量约 25 万 t。本文简要总结了我国青钱柳产业发展历程及其资源培育的研究进展，旨在推动我国青钱柳产业的健康和可持续发展。

二、青钱柳产业的发展历程

青钱柳的研究始于 20 世纪 70 年代末。随着对青钱柳研究的目标化、效益化要求，今后一段时间的研究将会围绕青钱柳产业化或产业链展开，形成产学研联合态势。下面仅从相关论文发表、专利申请和社会关注度等方面分析青钱柳产业发展历程。

（一）青钱柳产业发展与论文发表

论文发表数量多少基本上能说明社会对该领域、行业或相关产业的关注度。据初步统计，截至 2021 年，学术界共发表与青钱柳相关论文约 983 篇（不包括学位论文），其中中文 703 篇（万方数据库）、英文 280 篇（Web of Science 数据库）。不同时期，发表与青钱柳相关的文献数量和内容存在明显差异（图 1），大致反映了青钱柳研究和产业发展脉络。

1980—1989 年，开始出现关于青钱柳报道的文献，中文发表相关论文仅 4 篇。主要内容为青钱柳介绍、植物分类、育苗初报及保健茶介绍，研究地域集中在江西、广西、湖南、福建等省。

1990—1999 年，共发表相关论文 15 篇，其中英文文献 4 篇。主要内容围绕青

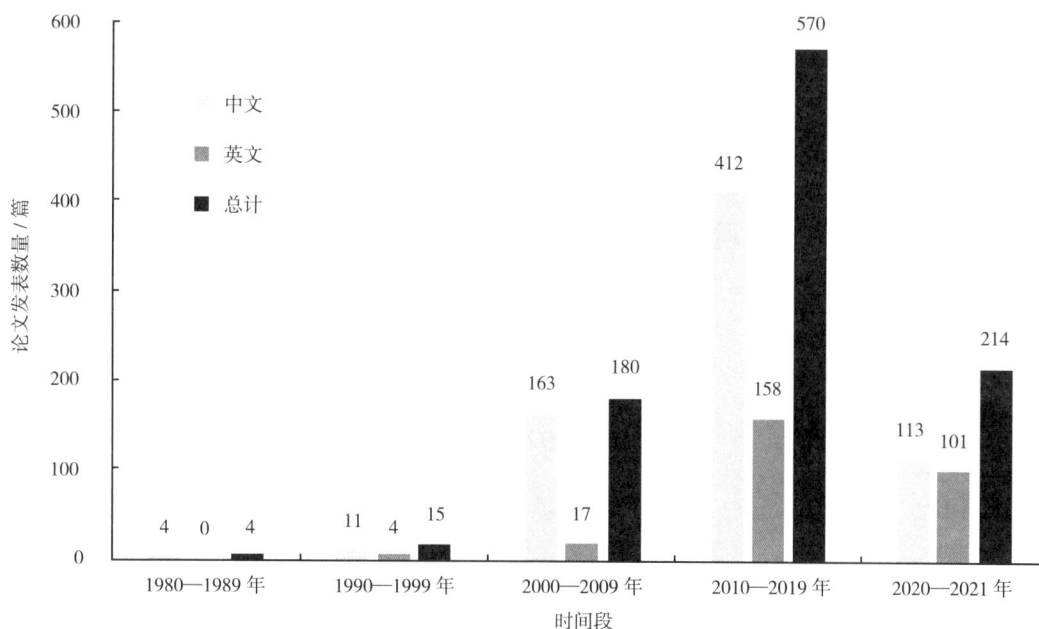

图 1　不同时期青钱柳文献发表数量的动态变化

钱柳叶片化学成分的分析及其药理作用，文献来源从与林相关的杂志转向医药、食品、农业、化学化工类杂志。

2000—2009 年，青钱柳文献发表明显增多，共发表相关论文 180 篇，其中英文文献 17 篇。主要内容围绕青钱柳种子休眠解除，叶片化学成分提取、纯化及其药理作用这表明随着青钱柳研究的深入，其开始受到包括林业、医药、食品、化学工业等领域研究者和生产者的重视，相关的科研工作也逐渐展开。

2010—2019 年，青钱柳文献发表量迅速提高，达到 570 篇，特别是发表在国外学术期刊的文章明显增多（158 篇）。内容重点围绕青钱柳定向培育栽培模式，生理活性物质指纹图谱构建，主要生理活性物质与降血脂、降血糖、抗氧化等功能的关系开展研究，表明青钱柳研究水平不断提高，青钱柳产业已引起国内外的高度关注。

从发表的文献作者单位分布、来源刊物来看，青钱柳在中国的研究明显呈现出地域特征。目前，青钱柳优良品种选育、叶生理活性物质调控、无性快繁、优化培育措施、扩大人工林种植面积等是林业研究人员的主要关注点；青钱柳叶生理活性物质分离、纯化，及其与降血脂、降血糖、抗氧化等功能的关系，是食品和医药研究人员的关注热点。

（二）青钱柳产业发展与专利申请

专利申请数量的年度趋势可以反映某一技术的发展状况和人们知识产权保护意识的强弱。以SooPat数据库为来源，检索在中国申请的关于青钱柳研究的相关专利。通过输入关键词"青钱柳"，检索截至2020年12月31日前公开的发明专利和实用新型专利申请数据如图2所示。总体来看，青钱柳专利申请起步较晚，最早的申请时间可追溯到1988年，为江西省修水神茶实业集团公司申请的"一种以青钱柳叶为原料制备泡饮保健茶方法"的发明专利，之后直到2000年围绕青钱柳的专利申请才逐渐萌芽。

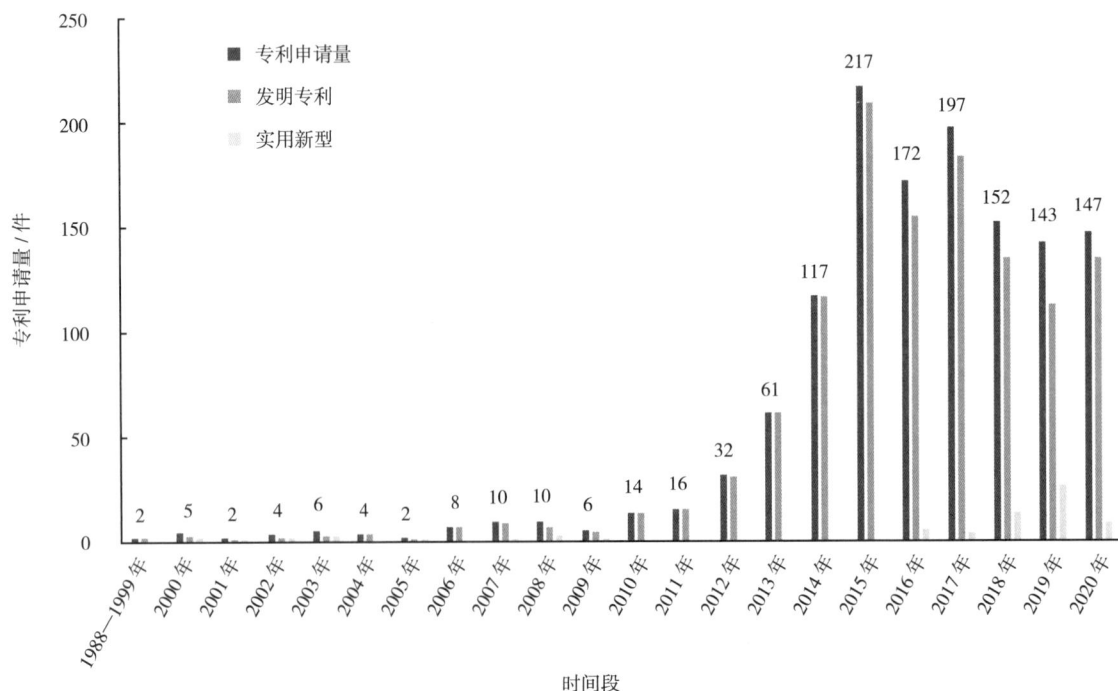

图 2　1988—2020 年青钱柳相关专利申请趋势图

由图 2 可知，2000—2020 年，青钱柳专利申请数量总体上呈增长趋势，并且可以概括为 3 个阶段：2000—2010 年为"萌芽期"，在此期间，青钱柳专利申请量数量较少且增长缓慢，年度专利申请数量为 2~14 件，可见该研究领域尚处于技术萌芽阶段；2011—2015 年为快速"增长期"，该阶段青钱柳专利数量快速增长，从 2011 年的 16 件到 2015 年达到了 217 件，为历史最高点，其原因主要为国家卫生和计划生育委员会公告 2013 年第 4 号批准青钱柳叶为新食品原料，以及国家对知识产权保护的重视程度加深；2016 年至今，青钱柳专利申请数量处于稳定"发展期"，公开的专利数量稍有回落，年平均在 160 件以上，仍趋于稳定发展趋势，该阶段受国家部门审核力度加强、宏观调控等政策影响，研发机构在青钱柳专利申请方面逐步由数量向质量转变。

通过对中国青钱柳产业研究领域中的主要专利权人（单位）的排名进行分析，在有效专利数量排名前 10 位的专利权人（单位）中，有 1 所高校、7 家公司、1 所研究院和 1 所职业院校，其中高校和科研院所均属于林业行业研究领域，且南京林业大学的青钱柳专利数量位居第一，比排名第二的浙江众博堂生物科技有限公司专利数量高出 1 倍。青钱柳因其药用、保健等多功能属性，生物科技类企业也是青钱柳的研究和开发主体，企业所研究的领域较广泛，但更倾向于青钱柳产业的应用与医用开发探索。

（三）社会关注度与青钱柳产业发展

青钱柳产业的发展经历了从无到有的历程，特别是青钱柳叶自 2013 年被国家卫生和计划生育委员会列为新食品原料以来，无论是研发单位、研发人员、企业参与度还是社会关注度均得到了迅速提升，推动了产业健康发展。

1. 研究和开发队伍不断壮大，为青钱柳可持续发展提供了科技支撑

如从发表论文的单位看，约 90 家单位参与了青钱柳的相关研究开发。其中，以南京林业大学、江西农业大学、南昌大学、江西中医大学和中国药科大学发表的相关论文数位列前 5。目前，中国医学科学院药用植物研究所、北京协和医院药物研究所、中国科学院成都生物研究所、第二军医大学、北京中医药大学、南京中医药大学、江苏省中西医结合医院、贵州大学、湖南农业大学、台州学院、浙江林业科学研究院等高校和研究院所也介入了青钱柳资源培育与开发利用研究；一些大企业如可口可乐公司、浙江寿仙谷医药股份有限公司正在开发相关产品。迄今，青钱柳产业发展初步形成了高校和企业互补、协同创新的格局，构建了有利于青钱柳的资源开发利用技术创新体系，为青钱柳技术的研发与科研成果转化提供了坚实的保障。

2. **行业管理部门重视，为青钱柳产业提供了发展空间**

作为多功能树种，青钱柳产业发展引起了相关行业管理部门的高度重视。2018 年，国家林业和草原局批准成立了首批国家创新联盟之一——"青钱柳国家创新联盟"。联盟由南京林业大学牵头，国内青钱柳相关的研发机构包括大专院校，科研院所，医院，种植、加工和贸易企业组成的产学研相结合成立了技术创新体系，并建立了青钱柳国家创新联盟网站（http://www.cnqql.com/）；2019 年，青钱柳作为珍贵树种（A）被列入国家林业和草原局《国家战略储备林树种目录》；2022 年 2 月 24 日，国家林业和草原局发布了《林草中药材产业发展指南》，青钱柳被列入长江中下游地区林草中药材生产区的主要药材资源。

3. **产学研交流和融合不断加强，推动青钱柳产业不断壮大和健康发展**

为加强我国珍贵树种青钱柳研究的学术交流，促进全国科研院所与企业之间的产学研合作，以"青钱柳资源的保护、培育与开发利用"为主题，2015 年南京林业大学和中国林学会牵头，召开了"首届全国青钱柳论坛"；2017 年，由中国野生植物保护协会和南京林业大学主办、商城县人民政府和河南省兴霖农业发展有限公司承办的第二届中国青钱柳论坛在河南省商城县成功举办；2018 年，富硒青钱柳国际学术研讨会将在恩施土家族苗族自治州举办。这些广泛而深入的交流和探讨，加快了青钱柳资源的培育与开发利用，推动了青钱柳产业的健康可持续发展。

三、青钱柳产业发展中存在的问题与建议

（一）存在的主要问题

青钱柳作为一种有很高开发利用价值的树种引起了社会极大的关注，国内已有多家企业和单位在生产销售青钱柳茶或正在研究开发青钱柳新资源食品、药物制剂、保健品。因此，青钱柳资源的开发利用有广阔的发展前景。然而，青钱柳产业发展过程中还存在不少关键技术、新产品研发等问题需要解决。主要表现如下：

（1）青钱柳人工林面积已发展至一定规模，但人工资源不足和叶质量参差不齐仍是青钱柳产业可持续发展的瓶颈。

（2）青钱柳在健康食品中的应用比较单一（主要以保健茶为主），精深加工产品仍处于研发阶段，产业化程度低。

（3）对青钱柳功能成分的研究还不够深入，大多数研究仅停留在药效研究层面。

（4）青钱柳产业市场仍不够完善，大众对青钱柳产品的认识尚不健全。

（二）主要建议

为了使青钱柳更好地造福人类，并把青钱柳产业做大做强，必须以产业链布局创新链，针对青钱柳产业链中存在的关键技术问题开展多学科交叉研究和攻关，从而推动青钱柳产业健康可持续发展。主要建议如下：

1. 强化青钱柳定向优良品种创制及其无性系化

青钱柳作为多功能树种，广泛分布于我国亚热带地区，由于突变、隔离及自然选择等原因，分化并产生了种群间或种内有差别的地理生态种源和家系。目前，通过种源收集和种源试验，为不同培育目标（药用、材用、观赏等）的人工林初步筛

选出了优良的地理种源（家系），是青钱柳良种选育、资源开发利用的基础。但目前青钱柳良种选育的研究大多集中在种源和家系水平，关于家系－单株配合选择的研究鲜有报道。由于药用植物的"地道性"是基因型和环境因子共同作用的结果，如何进一步针对区域（立地环境）和生物活性物质含量（多糖、三萜、黄酮和酚酸等）创制定向、质量稳定的优良品种是青钱柳人工林资源培育的基础。

目前，虽然已选育了一些青钱柳品种，但其定向选育的目标尚不够明确，稳定性如何有待进一步验证。特别是由于青钱柳无性繁殖技术（扦插、组织培养等）尚未完全成熟到可以应用于大规模生产，所选育的青钱柳良种的效益未充分发挥。如，目前国内外虽有成功通过组织培养获得完整青钱柳芽苗的报道，但如何有效地防止污染、褐变、玻璃化和提高生根率仍是青钱柳的组织培养过程中存在和亟待解决的问题。因此，实现优良品种的无性系化是将来青钱柳叶用林培育中重点需要解决的技术问题。

2. 优化青钱柳人工林的定向培育模式及良好农业规范栽培

青钱柳具有药用、材用、观赏等价值，其不同培育目标的优化栽培模式不同。目前，青钱柳栽培技术的研究主要关注点是其叶用林培育，研究内容涉及立地和基因型选择、造林密度和配置、复合经营、树形管理、土壤养分管理、基因与环境交互作用，以及叶收获季节对生长和叶中主要生物活性物质的影响，但时间和空间跨度上尚不充分，仅在部分区域初步构建了青钱柳叶用林的定向培育模式，需要加强研究和不断完善优化。

另外，青钱柳叶作为新食品原料在种植上还应符合"良好农业规范（good agricultural practices，GAP）"。良好农业规范栽培作为一种适用方法和体系，关注通过经济的、环境的和社会的可持续发展措施，以保障食品安全和食品质量。它以危害预防、良好卫生规范、可持续发展农业和持续改良农场体系为基础，避免在农产品生产过程中受到外来物质的严重污染和危害。虽然青钱柳在良好农业规范栽培上已经做了一些探讨（如病虫害采用生物防治、杀虫灯诱杀，尽量减少除草剂应用，等等），但仅为零星研究。因此，今后需要通过系统研究，形成青钱柳良好农业规范栽培规范，为青钱柳产业发展提供安全和优质的原料。

3. 加强青钱柳活性物质提取与功能研究

虽然青钱柳叶的生物活性组分及药用和保健功能仍是主要研究热点，且国内外对青钱柳化学成分的提取、分离、鉴定及药理作用研究虽有一定基础，但其化学成分和结构与药理活性之间的关系还远未被充分揭示，大多数研究仅停留在药效层面，对具体的作用靶点和通路研究还较少。因此，在已有青钱柳对高血糖、高血脂、非酒精性脂肪肝等的药效学研究的基础上，利用现代分子生物学手段，通过多学科交叉融合，深化青钱柳活性物质提取与功能研究，阐明上述活性产生作用的靶点及调控通路势在必行。预期研究结果可为青钱柳药物的开发提供理论依据，具有重要的理论意义和广阔的应用前景。

4. 重视青钱柳高附加值产品开发及产业化

青钱柳叶具有良好的食用和药用价值，青钱柳保健茶已被越来越多人饮用。然而，目前关于青钱柳功能产品的研究还主要停留在粗产品水平阶段，其功能成分的研究还不够深入，精深加工产品仍处于空白状态。深化青钱柳活性物质提取纯化及开发高附加值产品，不仅有助于该资源的综合高效利用，而且是青钱柳产业有序、健康和可持续发展的动力。如青钱柳所含功能性多糖，可作为天然的降糖降脂食品和保健品，但还需研究青钱柳多糖的高级结构、构效关系及其作用机制；加强青钱柳多糖提取工艺的工业化推广以及相应的产品质量标准建立；结合现有研究基础，深化青钱柳多糖食品和医药产品研究，满足保健食品和药品领域的需求。

作者简介

　　方升佐，男，1963 年生，南京林业大学教授。现任中国林学会杨树专业委员会副主任委员、中国林学会森林培育分会副理事长、中国林学会珍贵树种分会副主任委员及青钱柳国家创新联盟理事长。主要从事森林培育教学及青钱柳、杨树等定向培育研究工作。迄今，获国家科学技术进步二等奖 1 项、教育部科学技术进步一等奖 1 项、其他省部级科学技术进步奖 7 项；入选"新世纪百千万人才工程"国家级人选、江苏省"333 高层次人才培养工程"第二层次培养对象；2010 年享受国务院政府特殊津贴。

气候变化下的林火与中国式治火理念

孙　龙

（东北林业大学林学院院长、教授，中国林学会森林与草原防火专业委员副主任委员）

林火是森林生态系统重要的组成部分，然而，森林大火也可能造成巨大的经济损失、严重的空气污染、人类死亡和环境破坏。当代火灾情景越来越受到人类活动和气候变化的影响，但火灾－人类－气候复杂的相互作用以及不完整的历史记录或长期数据，导致火灾轨迹很难被监测和预测。本文从气候变化下的森林火灾轨迹出发，结合理论和科学研究，强调了我国特有的治火理念的先进性和优越性，并提出关于林火防治的对策与建议。

一、气候变化下的林火

森林火灾是影响生物圈、水圈、地圈、冰冻圈和大气圈的独特的地球系统扰动。例如，燃烧过程中释放出大量的水蒸气、二氧化碳（CO_2）、甲烷（CH_4）、氧化亚氮（N_2O）和气溶胶改变了地球的辐射平衡；气溶胶减少了太阳能向地表的传输，而温室气体则限制了太阳辐射。极端强烈的火灾还可能引发火积雨云风暴，将气溶胶注入平流层，在那里它们可以被运送到全球，影响辐射收支。火积雨云风暴增强了云

＊ 2022 年 8 月，在湖南长沙举办的第二十四届中国科学技术协会年会分会场——森林生态价值实现与绿色发展研讨会上作的特邀报告。

地闪电，进一步促进了极端火现象，通过正反馈效应从而引发新的火灾。烟气中高浓度的黑炭（烟灰）通过阻止降水聚集，抑制了雨云的形成，从而影响未来的火灾活动。大气运输以及随后在冰冻圈中产生的烟灰沉降物也降低了反照率，加剧了冰雪的融化，从而在一定程度上影响全球气候系统。

在过去的 4.2 亿年里，火一直是地球系统的自然特征。气候、植被和火灾发生之间强烈的交互作用导致了不同的"火灾情景"。研究表明，以前的气候变化通过影响植被类型、可燃物丰度以及季节性和年际干旱，影响了植被火灾的范围、频率和强度，而生物体通过特有的进化策略来抵抗和适应火干扰。目前，人为因素造成的气候变化正在改变全球降水格局和近地面温度，导致极端植被火灾事件更加频繁。例如，2017 年智利的野火、2018 年葡萄牙和美国加利福尼亚州的山火、2019—2020年澳大利亚的丛林大火。此类火灾对生命、财产、人类健康以及生态环境造成巨大影响。因此，必须考虑森林火灾活动的现在和未来变化趋势，并提出适应和缓解政策。

植被火灾是温室气体，特别是二氧化碳的重要来源。森林火灾每年平均排放约 4 Pg 的碳到大气中，这相当于每年化石燃料燃烧排放量的 70%。森林生态系统中的所有火干扰均会影响碳库和全球碳循环，随着气候变化的加剧，暖干化趋势加强，高温干旱季节的持续时间将更长且更严重。这些现象对火干扰的发生频率和严重程度产生重要影响，并将改变森林生态系统碳循环，同时进一步影响全球碳循环与碳平衡。研究表明，在与火灾相关的碳排放中，约65%来自热带稀树草原火灾碳排放，10% 来自温带和北方森林火灾碳排放，约 20% 来自热带雨林火灾碳排放，这些火灾多为牧场、种植园火灾，其余则是农业废弃物清理造成的火灾碳排放。植被燃烧的碳排放可以通过火后植被恢复的碳固定得到弥补并平衡，但是森林砍伐后的火灾清理或有机沉积物（如泥炭地）燃烧造成的碳排放则是大气中碳的净来源。同样，快速的气候变化和森林火灾的增加可能使碳汇（森林植被和土壤）变成碳源。

二、北方林火与碳平衡

北方森林生态系统是地球上第二大陆地生物群区，约占陆地森林面积的30%，提供了从区域到全球的生态系统服务功能。当前，北方森林受到外在诸如林火以及气候变化的影响，造成了大面积的森林破坏。研究表明，野火每年烧毁140万～150万hm^2北方森林。我国北方森林是受气候变化和干扰最显著的地区之一，因此，林火干扰对我国北方森林生态系统碳循环的影响对于气候变化下定量评价碳减排和持续增汇具有重要意义。

林火不仅可以影响土壤碳库储量，还可以通过影响土壤呼吸速率来改变土壤碳库周转周期。火干扰向土壤中施加了热量、灰分，改变了土壤环境和微气候，土壤性质亦因植被和生物活性的改变而发生相应的变化，进而对土壤有机碳含量、组分、分布及转化产生很大影响。土壤呼吸主要由异氧呼吸和自养呼吸组成，异氧呼吸主要是指土壤微生物、菌根呼吸作用释放出二氧化碳的过程，自养呼吸主要是指植物根系呼吸作用释放出二氧化碳的过程。火干扰最直接的影响就是改变土壤的水分状况，影响土壤呼吸速率。微生物对火干扰非常敏感，森林火灾作为森林生态系统中一种重要的外界干扰因素，由于燃烧导致的林内温度剧烈升高将对土壤微生物生物量造成不同程度的影响，影响土壤异氧呼吸。

林火干扰后，生长季与非生长季的土壤呼吸速率并不相同。火干扰显著降低了土壤总呼吸速率，影响程度随着火干扰强度的增加而增加（21.62%～24.86%）。火干扰使异氧呼吸的温度敏感性降低（16.57%～33.99%）。针对大兴安岭地区适时开展低强度计划用火，不仅通过降低可燃物载量降低火险等级，同时也可以减少地被物层和土壤碳排放，有效增强土壤碳汇能力。

以往研究往往忽略了积雪覆盖下北方森林的土壤碳循环贡献，我们通过在大兴安岭地区长期开展火后非生长季土壤呼吸得出积雪是影响非生长季土壤呼吸速率的重要因子，雪覆盖能有效地提高土壤温度，进而直接提升土壤呼吸速率，不同强度火烧样地在积雪条件下比在遮雪处理条件的土壤呼吸速率平均高 0.03 $\mu mol \cdot cm^{-2} \cdot s^{-1}$。

火干扰是森林生态系统重要的干扰因子，它影响整个森林生态系统的发展和演替。火干扰后森林生态系统的恢复与重建，是火生态及恢复生态学的重要内容。我国对火后火干扰迹地植被恢复关注较晚，全面研究还是始于1987年大兴安岭"5·6"特大森林火灾之后。关于森林大火对森林生态的影响的研究，尤其是对火干扰迹地的损失评估、树种的更新等进行了深入研究，可为森林防火管理部门作出科学决策和用火提供科学依据，无疑具有深远的现实意义。

大兴安岭地区重度火烧迹地人工恢复模式固碳速率及碳汇水平高于自然恢复模式。火烧迹地土壤碳库恢复缓慢，轻度火烧区自然恢复模式下土壤碳截获能力与林下灌草植被以及地被物层的恢复显著相关。火后水土流失及侵蚀是表层碳储量损失的主要原因。重度火烧迹地人工恢复模式（火后人工造林）土壤碳汇水平（20年平均值为每公顷 88.54 t）高于自然恢复模式（火后自然演替）（平均值为每公顷 26.52 t）。火烧迹地土壤碳库恢复缓慢，中度火烧区自然恢复模式下土壤碳截获能力与林下植被恢复显著相关（林下植被物种多样性和丰富度水平变化趋势与土壤碳变化趋势基本一致）。火烧后，不同年限土壤碳含量和碳储量的变化与林分下层物种多样性变化显著相关。随着林分下层群落多样性逐渐稳定以及林下凋落物层的增加，土壤碳储量开始变得稳定并持续增加（火烧后 17 年开始）。

土壤微生物是陆地生态系统生命支持体系最重要的生命组分，是生物地球化学循环最核心的环节，是地下物质循环中重要的碳源和碳汇。火干扰对养分的输入输出、植物组成、生产力、土壤微生物都有很大的影响。尽管在森林养分循环过程中，土壤微生物群落具有极其重要的地位，但是基于森林可燃物载量、含水率、火干扰时环境因子的差异、火后不同采样时间，以及不同火干扰强度，导致火干扰极度不均匀性关于土壤微生物对火干扰的反应，并没有较多一致性结论。我们发现，火后土壤微生物生物量恢复较快；无论火烧与否，土壤微生物生物量中碳、氮与土壤总碳、总氮均呈现显著正相关性。土壤微生物量中的碳、氮在春季土壤初解冻时均为最大值，火后土壤微生物量在生长季波动幅度减小。

火灾不仅在燃烧过程中导致大量二氧化碳排放，还会产生热解炭，其在土壤中将逐渐积累并影响土壤中碳的分解，尤其是北方森林泥炭地。然而，火后热解炭在泥炭地土壤碳矿化中的作用仍未可知。我们的研究发现，热解碳添加下土壤微生物和酚氧化酶活性的变化是影响碳矿化的主要因素。此外，有效氮和酚类物质的变化与土壤微生物和酚氧化酶的活性密切相关，因此火后热解碳添加通过影响土壤养分与酚类物质从而改变了土壤中酶的活性，进而影响泥炭地的土壤碳矿化。

三、中国特色治火理念

党的十八大以来，以习近平同志为核心的党中央高度重视森林草原防灭火工作，将其作为防灾减灾的重要任务，作出一系列重要决策部署，森林草原防灭火工作取得了长足发展，火灾综合防控能力显著提升。2016 年以来，全球森林火灾进入高发阶段，重特大森林草原火灾频繁发生。我国近几年森林火灾也处于频发态势，但是在我国"预防为主、积极消灭"的总方针和"防灭结合"火灾控制策略、"打早、打小、打了"扑救原则的大前提下，我国集中力量、积极扑救，大部分火灾在发生初期就得到了有效控制，森林火灾处置措施有效，没有酿成重特大森林火灾，为构建人类命运共同体贡献了中国智慧和中国力量。实践证明，我国森林火灾防治措施不仅具有中国特色，同时彰显了国家力量和社会主义制度的优越性。在近年来世界森林火灾日益严峻的形势下，中国式治火最大程度地减少了火灾的发生，保护了人民群众的生命财产安全和国家生态安全，应该在国际上推广。"六个坚持"是中国式治火的关键所在。

一是坚持"预防为主，积极消灭"和"打早、打小、打了"的基本方针和原则。我国已将森林防火工作摆到美丽中国建设宏伟蓝图的国家战略高度，充分发挥全社会重视、全社会参与的优势。一旦发生森林火灾，各方面力量广泛参与，以最大能力投入扑救，将火灾造成的损失控制在最低程度。这展现了高度集中统一的社会动员能力，体现了防灾减灾的中国力量，彰显了中国特色社会主义制度的优越性。目前，我国火灾发生率、森林受害率已连续多年低于发达国家水平。

二是坚持科学预防措施。将防火宣传教育与火源管理相结合，把宣传教育作为森林防火的第一道工序，突出外来人员、林内作业人员等重点人群，林内作业点、高火险区等重点部位和"清明节""五一""十一"等重要节点，通过开展入户签订责任状、开设防火专栏、手机短信和进行社区宣传等多种形式，重点宣传《森林防火条例》、火源管理规定和林内安全用火常识，营造强大的全民关注森林防火的舆论氛围，提升森林防火责任意识和守法意识，做到森林防火警钟长鸣。在火源管控方面，黑龙江省大兴安岭地区采取对农用火统一管理、集中烧除林缘农田边可燃物、对烧除的田地落实防火责任人、落实专业队伍看守等举措，从源头上消除可燃物隐患。对入山生产作业的单位，实行签订防火责任状、落实防火责任人、制定有针对性的防火措施等举措。对有危险的草塘，有计划地开展烧除，有效缓解了防火工作压力。进入防火期后，禁止一切野外用火行为，对重点林区、森林景区、农林交错地区、草塘等重点火险区和火灾易发区实行重点看护，在林区主要道口和路段增设临时岗卡，重点时期派出公安干警进驻防火检查站，加大对过往人员的检查力度，这一系列措施防控成效显著。

　　三是坚持科学布防。将靠前驻防与靠前指挥相结合。在火灾扑救处置上，我国针对施业区面积大、道路网密度低的大型国有林区，在重点火险区实施靠前驻防，做到第一时间到达火场，将森林火灾消灭在初期阶段。如果在高火险天气条件下和重点危险区域发生火情，或者首次扑救没有成功，县级森林防灭火指挥部会立即启动"应急扑火预案"，县级政府和林业部门的主要领导应第一时间赶赴火场靠前指挥。黑龙江省要求做到要在发现火情后 8 h 内，在火场一线设立县级扑火前指；如果发现火情 12 h 后，火情仍然没有得到有效控制，市级政府和林业部门的主要领导必须尽快赶赴火场靠前指挥；要在发现火情后 24 h 内，在火场一线设立市级扑火前指。这一举措极大提高了森林火灾的扑救效率，将森林火灾遏制在可控阶段。

　　四是坚持科学扑救。我国坚持全民动员扑救与行政首长负责制相结合的扑救指挥策略。目前，我国已经形成了专业扑火队、半专业扑火队与群众扑火队相结合的扑火队伍。实施小火大兵团和集中优势兵力打歼灭战的战略战术，全力"打早、打小、打了"，防止因"添油战术"使小火变大灾。行政首长负责制能够实现责任、权力、财力高度统一，减少森林火灾责任推诿情况，实现森林火灾扑救指挥的高效执行，最大限度地保障森林火灾扑救工作的顺利进行。

　　五是坚持依法治火。在不断实践的过程中，我国逐步理顺了森林火灾管理的组织机构和运行机制，并对预警预报、应急响应、应急保障等方面加以规范，逐步形成协调有序、常态运行、精干高效的组织指挥体系。国家层面根据新形势也修订了《森林防火条例》，各级政府也相应地制定了森林火灾配套的法规及森林防火责任追究办法等规章制度，不断细化完善森林火灾应急管理预案，依法治火的意识与能力自上而下得到进一步加强。

　　六是坚持开展科学研究。我国历来十分重视开展森林防火相关的科学研究，尤其 1987 年"5·6"特大森林火灾以后，通过设立森林火灾研究专项基金、国家自然科学基金、重大公益项目、重点研发项目等不断开展林火预测预报、林火发生机理、林火生态等领域的研究，提出了"林火两重性"理论，研发了国家林火气象预报算法，形成了一系列林火扑救的理论和方法。2017 年，依托东北林业大学批复建设"北方林火管理国家林业和草原局重点实验室"，针对我国森林防火领域发展的重大技术需求，建设集森林防火基础理论研究、林火监测预警技术、可燃物管理技术、林火装备研发以及林火扑救技术等为一体的国内一流森林防火创新平台，突出解决国家级林火预测预报系统的构建，全面提升我国森林防火研究水平，实现我国林火研究领域的跨越式发展。近年来，实验室联合国内外森林防火力量，在基于细小可燃物含水率连续观测的森林火险预报技术、林火行为模拟、特殊火行为形成机制、林火装备研发、林火损失评估技术、森林草原火灾预警防控系统、北方林火与碳氮循环以及对冻土的影响机制等方面，均实现了重要突破，为国家森林火灾防控提供了重要支撑。面向未来更为复杂的林火防控形势，国家仍然在布局气候变化下的重特大森林草原火灾防控、特殊火行为模拟与预测、智慧化火灾防控技术研发、大型智能火灾扑救装备研发等攻关任务，全面提升森林草原火灾应急防控能力与处置水平，为美丽中国建设保驾护航。

作者简介

孙龙，男，1976 年生，博士、教授、博士生导师，国家林业和草原局科技创新领军人才（第三批）。现任东北林业大学林学院院长、北方林火管理国家林业和草原局重点实验室主任；兼任森林草原火灾防控技术国家创新联盟理事长、中国消防协会森林消防专业委员会副主任委员、中国林学会森林与草原防火专业委员会副主任委员、中国林学会青年工作委员会副主任委员、黑龙江省生态学会副理事长、黑龙江省森林防火专业标准化技术委员会副主任委员、森林与草原消防装备分技术委员会副主任委员、应急管理部北方航空护林总站专家组成员兼秘书长。主要研究方向为林火生态与管理。主持"十三五"重点研发课题、"十三五"重点研发战略性国际合作项目课题、国家自然科学基金面上项目等 20 余项；共发表论文 100 余篇，其中 SCI、EI 论文 30 余篇；出版专著教材 6 部；获发明专利 2 项；获省部级科学技术进步一等奖 1 项、二等奖 4 项、三等奖 3 项，获黑龙江省优秀教学成果二等奖 3 项。

林木碳汇定向育种策略与实践

卢孟柱

（浙江农林大学生物与技术学院教授）

应对气候变化，各国提出了降低二氧化碳排量，实现碳达峰碳中和的"双碳"目标。对照欧盟、英国、美国、日本等发达国家和地区实现从碳达峰到碳中和的时间长达 40～70 年，我国确立的时间仅为 30 年。各国除了立法支持低碳产业发展外，还加快技术创新，大力发展清洁可再生能源，减少对化石能源的依赖，这些都是实现"双碳"目标的重要措施。

在众多清洁能源中，生物质作为植物固碳的直接产物，又可转化为生物质能，是名副其实的可再生能源。实际上，森林本身就是一个巨大的碳库，我国森林植被碳储量达 92 亿 t，平均每年固碳可达 2 亿 t。作为可再生能源，生物质也可以直接通过燃烧产热，热可以发电；生物质也可以直接转化为纤维乙醇，作为液体燃料替代汽油和柴油。速生杨柳树在生物质能源方面具有重大潜力，它们具有高生物量、投入少，可以集约高效经营、对环境影响小等特点，其中柳树由于病虫害少、萌条多、遗传多样性高、生物量大、育种周期短，作为生物质能源具有更大的优势。瑞典在替代化石能源方面一直走在世界的最前沿，已经实现了能源需求的 23% 来自生

* 2022 年 8 月，在湖南长沙举办的第二十四届中国科学技术协会年会分会场——森林生态价值实现与绿色发展研讨会上作的特邀报告。

图1　能源柳的种植

物质能源，到2030年实现汽车燃料的非化石能源化，2045年实现碳中和目标，成为世界上首个摆脱化石能源的国家。瑞典的能源主要依靠柳树作为可再生生物质能源，称为"能源柳"，主要物种包括蒿柳（*Salix viminalis*）、毛枝柳（*S. dasyclados*）、蒿柳（*S. schwerinii*）等。通过几十年的种源选择育种、适地适树栽培、管理程序优化等，实现了"能源柳"的高效经营和较高的产出投入比。例如，对施氮不同水平、磷和钾的投入、种植管理、收获、运输等的能量投入与产出能量相比，发现过多的施肥措施，并不利于获得产出与投入的高能比。瑞典的能源柳种植、热能转化所涉及的技术规程、管理程序及全产业链非常成熟（图1）。

我国在柳树资源收集评价、杂交育种及应用一方面取得了较大进展，但能源柳研究还处于起步阶段。由于严格的耕地保护，大规模能源柳只能在西北干旱半干旱地区发展。西北地区分布的沙柳，具有分枝多、适应性强、生物量高的特点，适于在西北地区大规模种植。沙柳的种质资源基地已经建立，也有一些沙柳相关的产业，但总体还缺乏严格、细致的栽培技术程序和管理规范，需要进一步的品种选育。总之，沙柳作为西北地区一个重要的能源树种，应该得到重视，或许会成为我国发展生物质能源的重要树种。杨树作为能源树种，我国对其也做了一些研究工作，比较了不同品种的热值、不同的栽培密度、不同的轮伐期最终获得的生物量，初步筛选出了适合作为能源林的品种，也展示了杨树作为能源林的潜力，但细致的育种工作和培育技术尚未广泛开展。杨树、柳树如何通过密植、短轮伐期采收、田间管理等方面的研究，建立能源杨柳从育种到栽培的技术体系，以获得高生物量、高热值，是实现"双碳"目标的一个重要选项。在育种方面，培育适合密植、分枝多的新品种以产出高生物量或高纤维素含量的新品种以适合纤维乙醇生产。

木本植物的光合产物主要贮存在木材中，也就是树干和主枝中。因此，增加树木本身的生物量，就可以显著增加碳汇。国际上近百年的林木遗传改良，生长量一直是育种的重要目标，并获得了显著的遗传增益。这些遗传改良的良种，无疑在人工林碳汇中起到了重要的作用。我国目前应用的人工林树种也都是经过几十年的遗传改良而获得的，在速生品种的培育方面取得了重大进展，也为人工林碳汇作出了贡献。但通过种质资源收集、种源选择及杂交选育程序，我国在进一步提高生长量方面遇到了瓶颈，需要进一步利用分子育种技术分离鉴定与速生相关的基因，通过分子育种手段大幅度提高生长速率，可以进一步提高树木固碳潜力。例如，超表达生长素受体基因 *FBL1* 的转基因杨树，生长速度极快，生物量大幅度提高；转基因了超表达糖转运蛋白基因（*SUTs*、*SWEETs*），增加了杨树生物量，有的更直接促进了树干的增粗。目前，报道的调控树木生物量的基因还有 *CYP85A3*、*CYP714D1*、*DA1* 等，都可以作为分子育种的靶基因，创制能源林木品种。

木材主要由木质素、纤维素和半纤维素组成。研究表明，木质素碳含量最高，即木材的木质素含量与碳汇量成正比关系，与纤维素缺乏相关。有意思的是，研究还发现，木材中木质素含量越高，其被降解程度越难，也就是碳固定效果最好。因此，木质素是木材固碳和持碳效果最佳的存在形式，可以作为固碳改良的目标。前期分子育种主要是针对纸浆材，以降低木质素合成为目标。通过反义 RNA、RNAi

等技术可以降低木质素单体合成关键酶基因的表达，从而阻断木质素单体的合成，最终导致木材中木质素含量的下降；同时，纤维素的含量有所增加。这不仅有利于造纸，而且可以提高制备纤维乙醇的效率。因此，针对纤维乙醇的新品种培育，可以采用增加纤维素、减少木质素的技术；对于以"双碳"为目标的树木育种，可以考虑增加木质素的含量，增加碳汇的同时，减少木材的自然降解，减缓二氧化碳的释放，同样有利于固碳。目前，我国已经鉴定了大量调控木材组成的调控基因，包括转录因子和木质素、纤维素合成酶的基因，通过分子育种手段实现基因的聚合和表达的精细调控，可以获得针对不同用途的"双碳"品种。

树木在长期进化过程中，为了适应环境，进化出了许多应对不良环境的途径（图2）。例如，上述超表达生长素受体基因 *FBL1* 的杨树，虽然生长快、生物量大，但抗旱能力下降。但如果将其种植在水分条件好的立地上，可以充分发挥其生长潜力，实现高生物量的培育。理论上，在人工栽培条件良好的条件下，短轮伐期栽培能源林木，树木这些抗逆、抗病虫害的生理、生化过程可以不启动，以节省物质和能量用于树木的高生长和径向生长。最近发展起来的基于 CRISPR/CAS9 的基因敲除技术，可以用于基因的定向敲除，从而改变、调整甚至关闭树木的各种代谢途径。因此，通过基因编辑技术，敲除植物抗逆调控通路的相关基因，关闭与高生长无关的抗逆通路（图2），重塑树木的生长发育的调控途径，使光合产物用于生物量的积

图2　植物抗逆与生长及调控途径的改变策略

累，不失为一种可以促进树木生长、高产出生物量的方法。

总之，林木不仅是生物固碳的生力军，还可以作为可再生能源在替代化石能源方面发挥突出作用。杨柳作为速生树种，通过短轮伐期、密植及适宜的田间管理措施，可以提高生物量，是发展生物质能源的理想树种。分子育种作为定向培育能源植物新品种的重要途径，可以定向培育适合不同能源用途的新品种，将在高效能源林建设中发挥重要作用。我国西北地区是发展生物质能源的潜在基地，培育适宜生物能源树种如沙柳等新品种，可以在"双碳"目标实现中发挥重要作用。

作者简介

卢孟柱，男，1964 年生，浙江农林大学教授。曾任中国林科院林木遗传育种国家重点实验室主任，作为首席主持国家重点基础研究规划（973）项目。兼任中国林学会林木遗传育种分会、杨树专业委员会副主任委员，国际杨树委员会执行委员，《林业科学》常务副主编。主要从事树木分子生物学研究，在树木木材形成的分子基础及分子育种领域取得了进展。发表论文 100 多篇，获梁希科学技术进步奖二等奖 1 项。获得中国青年科技奖，入选"百千万"人才工程、"万人计划"科技领军人才。

森林质量精准提升理论与技术

张会儒

（中国林业科学研究院华北林业实验中心党委书记、研究院）

一、森林质量精准提升的内涵

（一）森林质量精准提升的概念

2016年1月26日，习近平总书记站在国家生态安全的战略高度，作出了"着力提高森林质量，实施森林质量精准提升工程"的重要指示。

森林质量提升就是通过采取科学、合理的经营措施，加速森林的生长和正向演替，提高森林的生产力，改善森林的结构，增强森林的供给、调节、文化和支持功能，构建健康、稳定、优质、高效的森林生态系统。

那么，如何理解森林质量的精准提升中的"精准"二字？总体来讲，森林质量的精准提升就是森林经营全过程的精细化、差异化管理。具体来讲，主要包括以下3个方面：

一是分区施策、分类经营。我国地域辽阔，森林类型多样，不同区域地理特征及环境因素差异较大，要开展森林质量精准提升，必须针对不同区域制定切实可行

---

* 2022年10月，在吉林长春举办的第十二届吉林省科学技术协会年会分会场暨科技助力林草产业高质量发展论坛上作的特邀报告。

的经营策略，针对不同森林类型提出针对性的质量提升方案，防止"一刀切""一把尺子"的教条行为。

二是精准确定质量提升的林分对象。森林质量提升的对象应是有提升潜力的现有林，所以要根据立地条件和环境因素，分析林分质量提升的潜力，准确确定质量提升的对象，才能达到质量提升的目标。

三是精准化的森林经营技术支撑。精准提升的主要技术包括精准评价立地质量和适地适树、精细森林经营规划、精确预测森林生长、精准森林经营决策优化、定制到地块的精细化经营方案、精准监测和评价森林经营成效等。

（二）我国森林质量现状

1. 生产力低下

我国乔木林平均每公顷蓄积量只有 94.83 m^3，不到德国等林业发达国家的 1/3，约为世界平均水平的 84%。每公顷森林年均生长量为 4.73 m^3，只占林业发达国家的 1/2 左右。我国森林生物量占陆地植被生态系统总生物量的 69.5%，而全球水平为 94.0%，我国每公顷森林生物量仅为世界平均水平的 70%。

2. 生态功能不强

我国乔木林中生态功能中、低等级面积比例高达 87%。纯林高达占 61%，中、幼龄林面积比例高达 65%。我国森林年生态服务价值为 12.68 万亿元，但每公顷森林年生态服务价值只有 6.1 万元，仅相当于日本的 40%。森林生态系统平均固碳能力为 91.75 $t \cdot hm^{-2}$，远低于全球相同纬度地区 157.81 $t \cdot hm^{-2}$ 的平均水平。野生高等植物濒危比例达 15%～20%，约 44% 的野生动物数量呈下降趋势。

所以，目前我国急需通过森林经营手段提高森林质量，让森林长大。

（三）森林质量精准提升的对象和主要任务

1. 森林质量精准提升的对象

森林质量精准提升的对象是有提升潜力的森林，指正常立地条件下，通过人为经营措施，森林质量能够提高的林分，包括以下两类：

（1）改造培育型森林：由于未进行适地适树、未及时经营或受病虫鼠害及森林火灾影响，林木生长停滞或目的树种不明确，通过采取改培措施，能够达到提高质量目标的林分。

（2）提质培优型森林：林木总体生长状况良好，但通过采取综合性技术措施、改善林分结构和生长条件，林分质量和生长量能得到进一步提高的林分。

2. 森林质量精准提升的主要任务

森林质量精准提升的包括森林抚育、退化林分修复等。

（1）森林抚育：即从幼林郁闭成林到林分成熟前根据培育目标所采取的各种营林措施的总称，包括抚育采伐、补植、修枝、浇水、施肥、人工促进天然更新以及视情况进行的割灌、割藤、除草等辅助作业活动。其中抚育采伐包括透光伐、疏伐、生长伐和卫生伐。我国现有乔木林中，中、幼龄林面积达到 1.06 亿 hm^2，占乔木林面积的 65%。自 2009 年国家开始森林抚育财政补贴试点以来，森林抚育严重欠账情况逐步得到缓解，林分结构得到了改善，生长量得到了增加，质量得到了提高。

（2）退化林分修复：对象为由于自然或人为因素影响导致内在机能退化且服务功能低下的森林。措施包括植补造、更新改造、抚育间伐、封育、效应带改造等。

二、森林质量精准提升的理论基础

森林质量精准提升的理论基础包括生态学理论和林学理论。

（一）生态学理论

1. 干扰理论

干扰是指引起群落或生态系统特性（物种多样性、生物量、垂直和水平结构）发生变化的因素。干扰是生态系统结构、动态和景观格局形成、发展的基本动力，不仅会影响生态系统本身，还会改变生态系统所处的环境条件。

按照干扰的来源，可以将干扰分为自然干扰和人为干扰两种类型。干扰的后果有积极的，也有消极的。积极的干扰有利于维持生物组分或生态系统的总体稳定，消极的干扰将促使干扰作用对象发生退化。

2. 演替理论

生物群落演替就是指某一地段上某一种生物群落被另一种生物群落取代的过程。森林演替是在一定地段上，一个森林群落依次被另一个森林群落所替代的现象。演替是一个非常广泛的概念，它不但包括树种的更替，还有灌木、草本、动物和微生物的变化，以及土壤和周围环境的一系列改变。

3. 主导生态因子原理

生态系统的动态发展受制于这个体系中的各个因子。在这些复杂的因子中，只有少数因子具有支配作用，即主导生态因子，包括负向和正向两种，影响着生态系统演替、退化以及恢复与重建。例如，水土流失区极度退化生态系统的恢复与重建，第一步为控制水土流失（造成生态退化的主导因子），第二步为恢复土壤的结构与肥力。在生态恢复进程中的各个阶段，主导因子不是一成不变的，生态恢复工作必须根据群落演替不同时期的特点，分阶段、有针对性地进行。

4. 生态位原理

生态位主要指自然生态系统中一个种群在时间、空间上的位置及其与相关种群之间的功能关系。一个稳定的群落中占据了相同生态位的两个物种，其中一个物种终究要灭亡；一个稳定的群落中，由于各种群在群落中具有各自的生态位，种群间可避免直接的竞争，从而保证了群落的稳定；由多个生态位分化的种群所组成的群落，要比单一种群组成的群落更能有效地利用环境资源，维持长期的、较高的生产力，因此具有更强的稳定性。应用生态位原理，可以构建出具有多样性种群的、稳定而高效的生态系统（如乔、灌、草的合理配置）。

5. 生物多样性原理

生物多样性是指"生命有机体及其赖以生存的生态综合体的多样性和变异性"。生物多样性可以从 4 个层次上去描述：遗传多样性、物种多样性、生态系统多样性和景观多样性。一般认为物种多样性是判断生态系统稳定与否的一个重要因子。

复杂生态系统通常是最稳定的，它的主要特征之一就是生物组成种类繁多且均衡，食物网纵横交错。其中某个物种偶然增加或减少，其他种群就可以及时地抑制或补偿，从而保证系统具有很强的自组织能力。相反，退化生态系统恢复初期和人工生态系统生物种类比较单一，其稳定性往往很差。

6. 边缘效应原理

在两个或多个不同性质的生态系统交互作用处，某些生态因子或系统属性的差异与协和作用，引起某些组分及行为的较大变化，称为边缘效应。

交错区或生态过渡带（ecotone）是指存在于两个或多个群落的过渡区域。每个群落都有向外扩散的趋势，交错区内的生物种类比与之相邻的群落要多，生产力也比较高。也就是说，与中心部分相比，生态系统的周界部分常常具有较高的物种丰富度和初级生产力。

（二）林学理论

1. 传统的林学理论

（1）立地与适地适树原理：立地质量是指某一立地上既定森林或其他植被类型

的生产潜力，它与树种相关联，并有高低之分。针对不同气候区、不同地形、微环境以及树种特征的森林立地质量精准评价，是实现森林科学经营的一项基础工作。立地质量不同，适宜的树种和经营措施会有差异。准确评价立地质量是适地适树、科学制定森林经营措施的重要保证。

（2）森林生长发育理论：森林生长发育是一个由幼龄到成熟的过程。其长短因树种特性、气候条件、土壤条件以及管理措施不同会有很大的变化。根据森林生长发育的特点，一般可以分成6个生长发育时期，即森林形成时期（幼龄林）、森林速生时期（壮龄林）、森林成长时期（中龄林）、森林近熟时期（近熟林）、森林成熟时期（成熟林）和森林衰老时期（过熟林）。每个阶段的森林都有不同的生长发育特征。

（3）密度效应与调控理论：林分密度是指林木对其所占空间的利用程度，是影响林分生长和木材产量的重要因子，用株数密度、疏密度、郁闭度等指标表示。密度对林分平均直径、材积、干形等生长都有重要影响。同时，森林在生长发育过程中，由于个体竞争，部分生长较弱的林木被淘汰，使林木株数逐渐减少、密度逐渐降低，出现了自稀疏现象。这些都是森林抚育经营的重要科学依据。

2. 现代森林经营的基本原理

（1）多功能：森林经营的目的是培育稳定健康的多功能森林生态系统。稳定健康的森林生态系统有一个合理的结构。一个现实的林分可能达不到这样的结构，需要辅助一些人为措施，促进森林尽快达到理想状态，这就是森林经营。

（2）模拟自然：近代森林经营的准则是模拟林分的自然过程。森林生长发育的基本规律是种群构建、生长竞争、自然更新、连续覆盖（永远保持森林环境）。森林经营应该模拟这个过程。模拟不是照搬，应根据现实林分情况，以地带性顶极群落的发展过程为参照，以比较小的干扰，或补充目的树，或清除干扰木，把更多的资源用在目标树的培育上。

（3）全周期经营：森林经营贯穿于整个森林生命周期。①森林全生命周期。同龄林的全生命周期包括幼苗幼树、幼龄林、中龄林、近熟林、成过熟林；天然林的全生命周期包括建群阶段、个体生长阶段、竞争分化阶段、近自然阶段、恒续林阶段。②森林经营的全周期。造林管护的全周期包括模拟自然，形成异龄复层混交林，管护；幼林抚育的全周期包括幼林抚育、补植、密度调控、管护；抚育间伐的全周期包括选择目标树、抚育间伐、中间材利用；目标树经营的全周期包括围绕目标树开展全林经营；主导功能利用更新的全周期包括生态采伐、采育结合、保持林地连续覆盖。

（4）系统谋划：按照森林经营计划（规划或方案）实施。森林生命周期的长期性和森林类型的多样性，决定了森林经营活动的系统性和复杂性，存在"错不起、悔不起"的特点。因此，必须编制森林经营规划（方案），进行统筹规划和预先部署。规划要全生命周期设计，规划期内战略上不变，战术上可以微调。

三、森林质量精准提升实施和技术体系

（一）实施体系

森林质量精准提升实施和技术体系主要包括多功能经营和分类经营。

1.多功能经营

（1）森林的多功能：森林具有生态、经济、社会、文化等多种功能。根据《联合国千年生态系统评估报告》，森林的功能可以分为供给、调节、文化和支持等四大类。

（2）森林的多功能经营：森林各种功能之间关系非常复杂，是一种对立统一的关系。森林的多个功能的重要性是不同的，即存在一个或多个主导功能。森林多功能经营就是在充分发挥森林主导功能的前提下，通过科学规划和合理经营，同时发

挥森林的其他功能，使森林的整体效益得到优化。其目标是培育异龄、混交、复层的多功能森林。其原则是实行长伐期（让森林长大）；生态采伐更新（径级择伐作业、及时更新、多次收获利用、连续覆盖）；人工林天然化经营（近自然）。实现森林多功能经验有两条途径，一是在区域或经营单位层次上，每片林分都有一个主导功能，由多个具有不同主导功能的林分经营，来实现区域的多功能经营；二是在林分层次上，多功能经营要考虑两个同等重要功能的发挥。

2. 分类经营

1999 年，我国开始实行的分类经营体系将森林分为公益林和商品林。公益林是指以发挥森林生态效益等生态功能为主要目的的森林，包括防护林和特种用途林。商品林是指以生产木材及其他林产品为主要目的的森林，包括用材林、经济林和能源林。

公益林和商品林的分类是根据林业资金的管理方式分类的，实际上为分类管理而非分类经营，"非此即彼"的分类不适应"森林多功能经营"的要求。

《全国森林经营规划（2016—2050 年）》将森林划分成 3 类，即严格保育的公益林、多功能经营的兼用林和集约经营的商品林，并对各类的分类标准和经营策略做出了明确规定。

（二）技术体系

1. 现　状

新中国成立 70 多年来，以采伐为核心的经营技术模式主要有法正林、强度控制法、检查法、生态采伐、结构化经营、近自然经营 6 种，具体技术特征见表 1。

2. 存在的问题

森林质量精准提升技术尚处于短期研究阶段，基础理论不完善；单项技术多，集成水平低；缺乏战略性能规划和全周期设计；缺乏长期监测和评价。

表1　不同经营技术模式特征

	法正林	强度控制	检查法	生态采伐	结构化经营	近自然经营
起源	18世纪德国的森林永续利用	苏联的异龄林发育规律	法国异龄林经营	减少对环境影响的采伐（RIL）	欧洲的恒续林	德国的近自然林业
核心思想和技术	法正林级分配，法正林分排列，等面积轮伐法	以采伐强度作为采伐量控制要素	定期调查法蓄积生长量	采育结合，环境影响小；有完整的技术体系	空间结构单元优化技术	采伐对象包括：达到目标直径的目标树、干扰树、其他林木
作业方式	皆伐	抚育间伐，包括透光伐、疏伐、生长伐和卫生伐；主伐，包括采伐强度和回归年双重控制下的择伐	单木采伐	单木采伐，促进天然更新	单木采伐，单元补植	目标树单株经营技术，不分主伐和抚育间伐
特点	简单，可以实现木材永续均衡生产	简单，易操作	有效实现森林结构调整	技术完整，量化指标	技术完整，量化指标	技术完整，可操作性强
缺点	理论模式，条件苛刻，实践中难以实行	理论基础不完善，简单以强度控制，操作中人为因素影响大	目标单一，过程复杂，技术要求高	理论基础不完善，技术要求高，操作复杂，作业成本高	技术要求高，操作复杂；作业成本高	部分抚育伐和主伐，与现实采伐管理政策不符，作业成本高
应用情况	20世纪60年代，以场定居、以场轮伐	普遍应用	吉林省汪清林业局	部分应用	部分应用	较多应用，全国20多个地方
代表人物			于政中、亢新刚	唐守正、张会儒	惠刚盈	邵青还、陆元昌、邬可义等

3. 未来的理论和技术突破

（1）森林对经营措施的响应机理：经营后森林生长、功能参数变化的定量表达。

（2）天然混交林结构形成和调控机制：树种混交、竞争和自稀疏、生长过程、更新等机制。

（3）森林立地质量精细评价和适地适林技术：生产潜力、树种适宜评估性，立地质量一张图。

（4）智能化多功能森林经营规划技术：经营条件下森林生长收获预测模型、经营计划的系统性安排、智能规划决策平台。

（5）森林全周期多功能经营技术：多功能协同优化、作业法体系、全周期经营调控。

（6）可视化森林经营监测评价技术：天－空－地－体系化的监测体系、经营过程和效果可视化表达。

四、结　语

森林质量精准提升是指通过森林经营全过程的精细化、差异化管理，提高森林质量。森林质量精准提升的对象是正常立地条件下，通过经营措施，森林质量能够提高的林分，包括改造培育型林分和提质培优型林分两类。森林质量精准提升的任务是退化林分修复和森林抚育。要按照生态学和林学基础理论，科学开展森林质量精准提升，分类实施。森林质量提升的技术体系初步形成，还需要不断完善。

作者简介

张会儒，男，1964 年生，著名森林经理学家。中国林业科学研究院首席科学家、研究员、博士生导师，华北林业实验中心党委书记。兼任中国林学会森林经理分会副理事长，国家林业和草原局咨询专家，全国森林可持续经营专家委员会副主任，森林经营国家创新联盟理事长。长期从事森林可持续经营、森林资源监测与评价等研究，主持完成国家科技支撑、国家重点发计划等多个项目和课题，研究成果获国家科学技术进步二等奖 2 项，省部级科学技术进步一等奖 1 项、二等奖 1 项，梁希科学技术奖一等奖 2 项、二等奖 3 项。出版专著 13 部，公开发表论文 190 余篇。获国务院特殊津贴、全国优秀林业科技工作者、"百千万人才工程"省部级人选、全国生态建设突出贡献奖先进个人等荣誉。

木质建筑结构材分等装备制造技术与应用

张 伟 等

（中国林业科学研究院木材工业研究所研究员）

建设美丽中国、振兴乡村经济，是国家中长期战略规划。发展木质结构建筑是实现环境宜居和提升人民美好生活水平的重要途径。分等是建筑结构材设计与制造的关键核心技术，直接关系到建筑结构的质量和安全，木材生物特性和树种差异显著，准确、高效评价结构材等级非常困难。我国每年木材消费量达 5 亿 m³，对外依存度超过 50%，进口锯材按照国外标准进行了目测分等，但良莠不齐、以次充好的现象突出。而资源丰富的国产人工林应用于建筑结构材，迫切需要提供质量评价和检测手段，由于长期缺乏质量分等检测装备，导致木质建筑行业一直处于进口材依赖国外标准、国产材盲选盲用的困境。

在国家自然科学基金、林业公益性行业科研专项、林业科技推广等 6 项课题持续资助下，北京林业机械研究所、北京林业大学、国际竹藤中心、南京林业大学、苏州昆仑绿建木结构科技股份有限公司、福建省顺昌县升升木业有限公司等 9 家单位经过 10 年的联合攻关，在结构用锯材分等方法、人造板弹性模量评价、深度学习精准测试控制与软件监控系统等装备制造关键技术方面取得了重要突破，研制出分等关键装备，并在大型木结构建筑领域开展一系列创新应用，构建从分等

---

* 2022 年 11 月，在浙江湖州举办的梁希科学技术奖颁奖大会暨首届梁希大讲堂上作的专题报告。

机装备制造、结构材分等测试、模型评价至木结构生产工艺优化完整的制造技术体系。

一、木结构锯材应力分等装备制造技术的研制

(一)提出"五点双向弯曲、三点支撑和两点中心对称上下加载"的无损检测方法

锯材分等方法和核心结构直接关系分等设备的检测精度,其测试方法和精度控制是装备制造应首要解决的关键技术难题,更是机械结构设计和控制系统开发的基础。该设备的核心结构为加载装置,具有高精密、稳定可靠、方便调整的特性,通过三维实体建模,振动频率、振动阶数的模态分析,得到加载装置在自由振动状态下的固有频率和振型,经与主要外界激励进行对比分析结果表明,应力分等设备加载装置的振动幅度不大,外界激励频率远小于加载装置最低阶的固有频率,因而不会发生锯材高速通过而引发的设备共振问题,保证了高频率工作条件下的检测精度。

(二)创新保证进料稳定顺畅的浮动弧形导料结构

为解决锯材含水率变化导致的变形不规整、进料不顺畅等问题,研制低偏差动态进料、浮动弧形导料等关键结构,优化控制进料电机主轴转速和辊轮转速匹配,提高了进料稳定性。该设备设计为整体框架单元进料结构,设置 2 个检测区域,分别形成三点弯曲的测试通道,锯材快速通过检测区域时,多传感器和控制系统提供 16 位高速采集和处理锯材加载数据,分别对锯材上下两面取值,保证了高采样频率和采集精度。锯材应力分等机工作原理如图 1 所示。

试验结果表明:同一工作频率下,电机主轴转速和辊轮转速偏差控制在 1% 以内,设备运行的同步性好。当锯材通过 2 个检测区域后,数据处理系统能够快速计算得出其抗弯弹性模量并划分强度等级,实现锯材连续、快速通过检测,一次性完成正、反两面抗弯弹性模量的检测与分级。

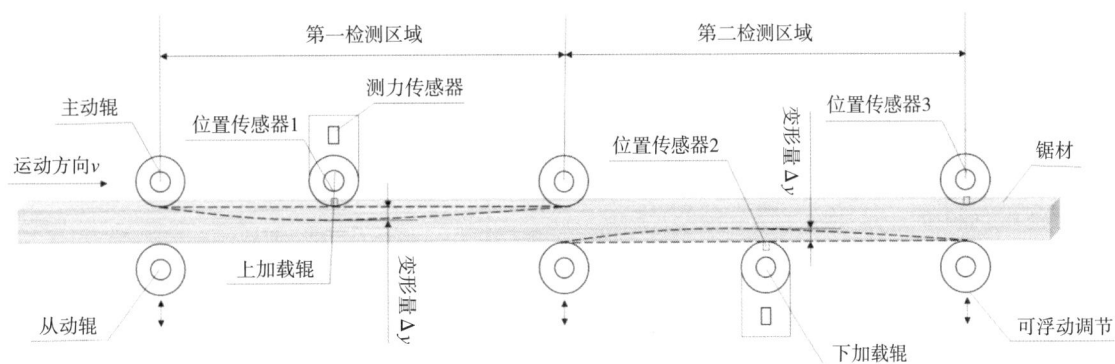

图 1　锯材应力分等机工作原理图

（三）提高影响锯材动态弹性模量的关键参数精度

动态弹性模量测试精度受设备关键参数的影响，主要包括进给速度（电机工作频率）、同步性、变形量等。通过优化设备虚拟样机、结构动态特性分析和机械性能测试，提高了设备输送速度、同步性、变形量等影响锯材弹性模量的关键参数精度。通过 FD1146 锯材应力分等机和力学试验机对比，分别测试同一批锯材的动态和静态弹性模量，分析动、静态弹性模量之间的相互关系，并研究设备在不同进给速度（设定电机工作频率分别为 10 Hz、15 Hz、20 Hz）下检测的动态弹性模量值的变化关系（图 2）。

试验结果表明：FD1146 锯材应力分等机具有很好的评估锯材静态弹性模量的性能，锯材动态弹性模量和静态弹性模量具有很好的相关性，相关系数为 0.921；采用机械应力分等方法测得的动态弹性模量的平均值比静态抗弯弹性模量的平均值高3.53%；随着锯材进给速度的加快，检测的动态弹性模量逐渐减小，但偏差不大；通过不同进给速度下检测的动态弹性模量与静态弹性模量进行对比，在进给速度为20 Hz 时，动态弹性模量值与静态弹性模量值的相关性最好，为工业化生产选择合适的锯材进给速度提供了试验数据支持。

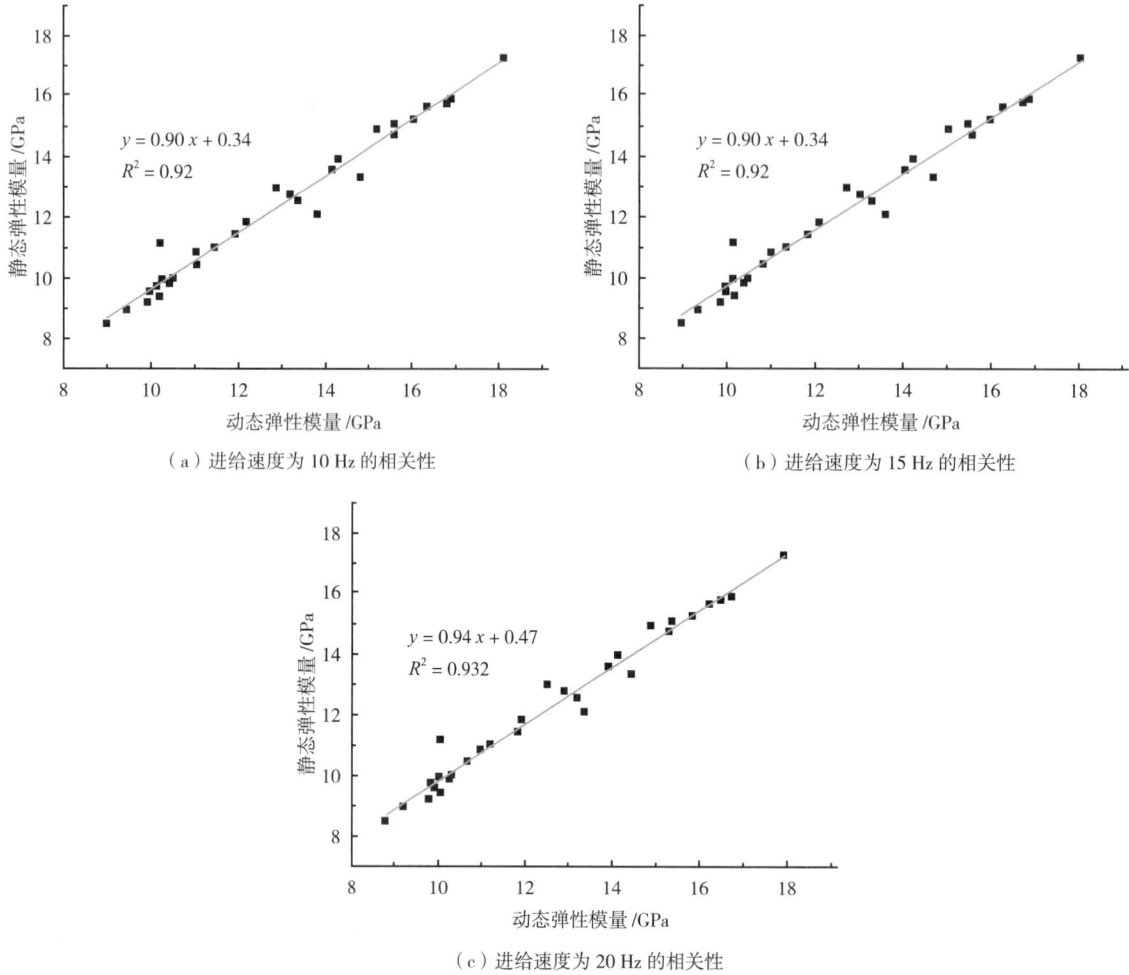

（a）进给速度为 10 Hz 的相关性

$y = 0.90\,x + 0.34$
$R^2 = 0.92$

（b）进给速度为 15 Hz 的相关性

$y = 0.90\,x + 0.34$
$R^2 = 0.92$

（c）进给速度为 20 Hz 的相关性

$y = 0.94\,x + 0.47$
$R^2 = 0.932$

图 2　不同进给速度检测动态与静态弹性模量的影响关系

（四）成功研制出锯材应力分等机并进行工业化应用

项目组经长期攻关，成功研制出国内首台结构用锯材应力分等机，突破了锯材在线连续快速分级、双弯曲加压、数据实时处理、喷码归类等关键技术，填补了国内结构锯材工业化分等技术的空白（图 3）。该设备可检测厚度 12 ～ 80 mm、宽度≤ 300 mm、长度≥ 1 300 mm 的常用锯材，分等速度达 20 ～ 120 m · min^{-1}，检测精度为 ±2%，可满足年产 8 万 m³ 木结构生产线的自动分等要求。

经国家木工机械质量检验检测中心检测，该设备主要性能指标达到国家相关标

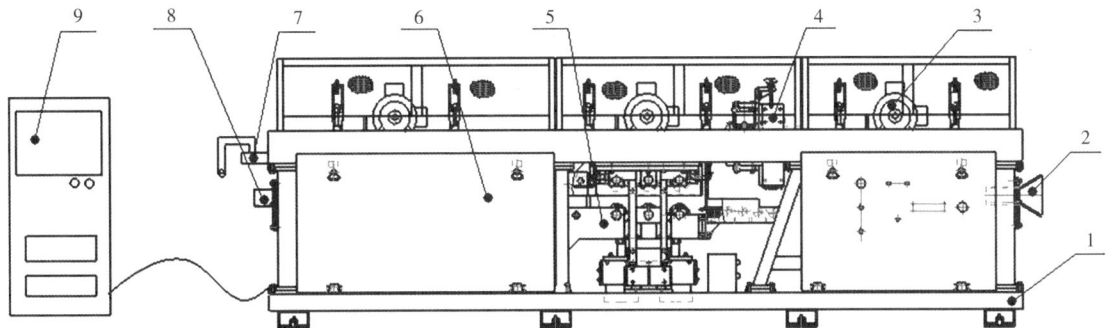

1—机架；2—进料口；3—输送机构；4—载荷测试装置；5—夹紧支撑机构；6—防护装置；7—喷码系统；8—出料口；9—数据采集系统。

图 3　FD1146 型锯材应力分等机结构图

准要求，具有分等测试精度高、分等检测效率高、控制系统稳定可靠、软件界面操作简单等特性。该设备是基于我国及国外相关标准的要求设计研制的，能够检测国内外常用的各种锯材的尺寸规格。在满足国外锯材检测要求的基础上，同样满足了我国结构用锯材相关检测标准。设备测试范围广泛，不仅可用于进出口与国产锯材工厂化的批量检测，提高锯材分等检测效率，还可用于国产结构锯材中试验与实验室中的分等检测，应力分等机工业化生产如图 4 所示。

（a）　　　　　　　　　　　　　　　　　（b）

图 4　锯材应力分等机工业化生产

二、木结构锯材表面质量优选机制造技术的研制

（一）研制出 YX1121 型结构锯材表面质量优选机

项目研制了锯材表面质量优选机，建立了三维实体模型和光学系统模型，探究了图像灰度、相机、光源安装位置及锯材振动之间的关系，突破了锯材表面质量缺陷快速提取、数据实时处理、表面质量优选等关键技术，基于深度学习分析锯材节子尺寸、种类和各面位置，以及斜纹理等因素。

试验结果证明，将机器视觉技术与目测分级方法相结合，可有效提高锯材表面缺陷检测效率和识别准确率。该设备可检测厚度 12 ～ 80 mm、宽度≤ 300 mm、长度≤ 1 300 mm 的常用锯材，表面质量检测速度达 20 m/min 以上，总体识别率达到 81.8%；速度可调，满足木结构用锯材表面质量自动检测生产线要求。

（二）进行锯材表面缺陷识别效果的试验研究

针对锯材表面不同缺陷类型（节子、裂纹、孔洞等），通过控制相机对被检测锯材进行线性扫描实现连续的图像采集，保证最终成像时做到被检测锯材规格尺寸和表面形貌既不重复也不遗漏，完整呈现出被检测物体的全貌，实现后续的图像处理、锯材的尺寸检测与锯材表面缺陷识别。通过对采集到的不同种类锯材表面缺陷进行识别，判别出其种类、所在位置、表面积尺寸以及分布位置等。并将自动识别出的判别结果与人工评判的结果进行比对，试验发现：基于机器视觉技术的锯材表面质量检测方法，评判结果的准确率满足工业实际应用需求，识别效率及稳定性优于人工评判方法。木结构用锯材表面质量检测设备结构如图 5 所示。

（三）提出基于深度学习和机器视觉的表面质量检测方法

基于机器视觉技术结合深度学习方法，对锯材表面的多种缺陷（节子、孔洞、虫眼、裂纹等）进行类型识别，并对所识别出的锯材缺陷进行缺陷类型、缺陷尺寸、

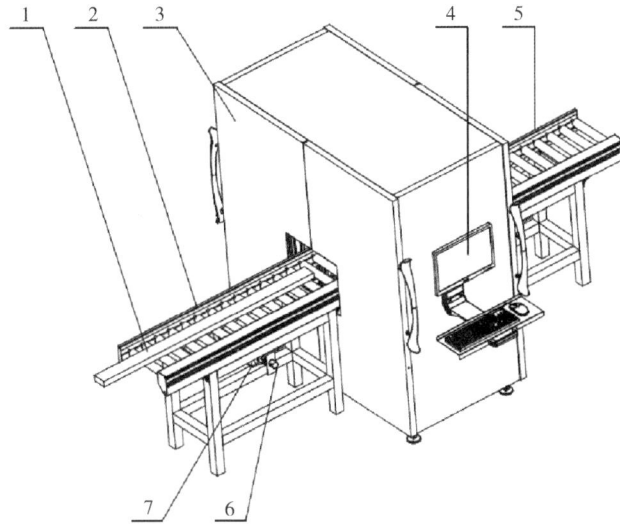

1—锯材；2—输入辊台；3—图像采集装置；4—图像分析装置；5—输出辊台；6—旋转编码器；7—三相异步电动机。

图5　木结构用锯材表面质量检测设备结构图

缺陷位置等进行定量化评价分析。依据《轻型木结构用规格材目测分级规则》（GB/T 29897—2013）等相关国家标准，探究了锯材表面缺陷与锯材分级的关系，建立了基于锯材表面缺陷数字化评价的锯材表面质量的分级模型。

三、木结构锯材分等装备制造技术创新点

（一）自动连续准确检测，客观科学合理评价

针对木结构锯材长期以来缺乏关键检测设备的现状，木质建筑结构材盲选盲用的行业难题，基于"五点双向弯曲、三点支撑和两点中心对称上下加载"原理，研制锯材应力分等设备，突破了锯材在线连续快速分级、双弯曲加压、数据实时处理、树种分类构建模型、分级强度喷码归类等关键技术。分等设备检测通道包含两个检测区域，每个检测区域设置带有加载辊轮和测力传感器的加载单元，两组加载单元和两组输送机构配对使用设定锯材的变形量。锯材在检测区域中，采用3个支撑点和2个加载点，实现锯材上下两个面三点弯曲受压，并对锯材上下

两面分别测力取值。通过高精度测力传感器技术，保持高采样频率下的采集精度，高速采集和处理锯材受力数据，连续准确获取锯材抗弯弹性模量并划分强度等级。

（二）定量化阐明抗弯弹性模量，快速预测和评价力学性能

基于机器视觉技术和深度学习方法，分析识别结构用锯材主要缺陷的类型和空间坐标位置，建立结构用锯材主要缺陷的规格尺寸及空间坐标位置结构模型，进行主要缺陷分布的定量化评价分析。分析锯材表面缺陷检测设备的工作原理和工作过程，设计设备的进料出料装置、图像采集装置以及触发方式的选择，研究锯材振动对图像灰度的影响。探究采集图像灰度值和相机、光源及待测锯材角度之间的关系，建立由待测锯材、光源以及相机组成的几何光学成像模型。参照《轻型木结构用锯材目测分级规则》（GB/T 29897—2013），基于机器视觉检测方法设计，快速连续地对锯材的表面节子进行检测分级，适用于国产和进口锯材的检测。

（三）构建快速评价体系与模型，开发分等装备自动控制系统

选取落叶松、福建杉木、杨木单板层积材、重组竹、欧洲云杉、花旗松、冷杉等国内外树种，通过不同树种材性差异性的对比试验测试，建立了10余种进口和国产结构用锯材的弹性模量模型与数据库。建立动、静态弹性模量之间的数学关系与锯材强度分布规律数学模型，描述弹性模量与力学强度之间的相关性，获取锯材主要缺陷各量化影响因素、动态工作参数对锯材强度影响程度的量化模型。开发分等装备自动控制系统，控制系统操作界面采用人机对话方式，操作简便，实现锯材参数输入、设备校准标定、信号采集处理一体化、分等测试数据分析、正反两面抗弯弹性模量数据曲线实时显示、历史数据记录与汇总等功能。解决人工统计分析发现的烦琐与时效性较差等问题，使得分等检测设备检测精度高、统计准确率高、分析时间快、自动化程度高。

四、木质建筑结构材弹性模量快速评价体系构建

（一）结构材弹性模量快速评价体系与模型构建

弹性模量是木材和竹材作为结构材利用的衡量指标，其快速评价对木质建筑生产效率和质量产生重要作用。木材和竹材自身生物质材料特性，决定了结构材树种、形状和缺陷等方面存在显著差异，这在精度和稳定性方面给弹性模量无损检测增加了难度。随着木结构建筑的发展，特别是高层木结构建筑的推广，急需建立结构用锯材和人造板材弹性模量快速评价体系机制，满足大尺寸梁柱构件和新型木质结构材的开发和应用需求。

项目组通过结构用锯材应力分等装备、移动式锯材弯曲性能试验机、锯材表面质量优选机和结构人造板弹性模量检测设备等6台关键装备及其测试原理方法的研制，为构建结构材弹性模量快速评价提供了技术手段。装备研发过程中，进行了大样本数量的设备标定试验，综合考虑了树种、几何尺寸、含水率、密度、年轮宽度、纹理斜度等结构材性质与机械设备的加载方式、运动速度、作用力、位移量等控制参数，以及设备振动、环境温湿度等因素之间的关系，阐明了结构材抗弯弹性模量与影响因素模型关系，有效把控生产线中等级结构材性能衡量指标的机械测试条件，弹性模量快速评价体系的构建实现了结构材的质量控制。

（二）进口和国产结构材弹性模量数据库构建

弹性模量数据库是快速评价过程中的重要指标依据，是评价体系中的重要组成部分。通过落叶松、福建杉木、欧洲云杉、花旗松、冷杉等国内外树种弯曲力学性能的系统测试，开发结构用锯材应力分等系统软件，建立了10余种进口和国产结构用锯材的弹性模量数据库，满足国内外主要锯材品种精准检测，实现了软件监控与控制系统的无缝对接。

（三）分等装备自动控制系统软件开发

分等设备采用高速数据采集模块与工业控制计算机搭建的虚拟仪器控制系统，该系统运用虚拟仪器技术、多通道数据采集系统设计，具有数据同时采集、采集数据实时显示、存储与管理、报警记录等功能。控制系统运行可靠、稳定，数据采集与处理速度快，防干扰能力强，符合结构材生产线中对锯材快速分等的要求。

在装备的自动控制系统开发中，操作界面采用人机对话方式，操作简便，通过触摸屏或键盘完成全部操作，可以实现锯材数值输入、抗弯弹性模量平均值和最小值显示、正反两面抗弯弹性模量数据曲线实时显示、历史数据记录与汇总等功能，满足胶合木结构材的自动化生产需求。拥有木结构用规格锯材机械应力分等机系统、木结构用规格锯材机器视觉分等机等软件著作权。

（四）木结构工业化生产中等级锯材组合制造工艺优化

木质建筑结构材标准件的工业化生产中，锯材必须经分等机测试分等，才能用于大型木结构设计中。通过动态弹性模量测试和分等，进行同等级或异等级组合，优化了胶合木的制造工艺。弹性模量快速评价体系及其分等技术应用，一方面将缺陷进行分散，避免集中应力导致的强度降低，从而提高建筑结构中胶合木构件的安全性；另一方面将强度较高的锯材设置在受力面，远离构件中心层位置，以增强胶合木抗变形能力。在胶合木、正交胶合木制造过程中，特别是木结构复杂造型构件制造过程中，结构材分等实现了优材优用、废料减少，从而降低了生产成本，提高了木材综合利用率。

五、分等装备在大型木结构科研试验中的创新应用

（一）木结构建筑项目的创新应用

自 2013 年项目组在苏州昆仑绿建木结构科技股份有限公司（原苏州皇家整体

住宅系统股份有限公司）建立锯材分等长期示范点，FD1146 型锯材应力分等机和 QD-5 型移动式锯材弯曲强度试验机经木结构项目所需锯材的分等生产表明，与国外技术相比，分等装备可满足国内外锯材分等标准，更能按照生产要求设置检测基准，适合实际生产使用，实现了锯材的科学等级划分和目标化生产。

（二）国内高校科研院所的应用情况

东北林业大学、北京林业大学、内蒙古农业大学、扬州工业职业技术学院建筑工程学院等 4 家科研单位使用该分等设备作为国家和行业科研课题的试验设备，相对于传统的力学试验机分等方法，该设备提高了规格锯材分等的生产效率与准确性，为提高木结构建筑结构材等级起到积极作用，极大地提高木结构建筑水平和建筑耐久性，该分等设备获得了高校和科研机构的认可，提升了等级结构材的研发能力及成果水平。

六、结　语

通过江苏省园艺博览会场馆（图 6）、上海崇明体育馆等 5 家企业 50 余项大中型木结构建筑锯材的生产实际应用，锯材分等效率提高 75%，实现了木结构同等异等组合的制造工艺，降低了企业生产成本，提升了木结构建筑的产品性能和质量。北京林业大学、东北林业大学、内蒙古农业大学、扬州工业职业技术学院建筑工程

（a）　　　　　　　　　　　　　　（b）

图 6　江苏省园艺博览会现代木结构展览馆项目

学院等 4 家科研单位的木结构研究团队使用锯材应力分等机作为国家和行业科研课题的试验仪器，相对于传统的力学试验机分等方法，该设备提高了分等效率与准确性，提升了等级结构材的研发能力及成果水平，获得高校和科研机构的认可。

《科技日报》《中国绿色时报》等权威媒体报道了项目的研究成果。《科技日报》官网首页以题为"我国成功研制结构用锯材分等关键技术与装备"的文章，指出"此前，只有欧美地区和日本等发达国家拥有该项技术及设备，随着国家大力推动绿色建材生产和木结构建筑应用，研制开发更适应中国市场建筑结构材分等装备非常必要，对于加速推动我国人工林资源利用具有重要的推广价值。"

作者介绍

张伟，男，1969 年生，中国林业科学研究院木材工业研究所林草装备研究室主任、研究员，博士生导师。长期从事现代林业装备设计理论与方法、木竹加工装备与自动化、木结构锯材质量检测装备的应用研究。主持国家自然科学基金、科学技术部、国家林业和草原局等 10 余项科研项目，发表论文 80 余篇，获授权专利 40 余件，参编论著 4 部，参编国家林业和草原局"十三五""十四五"林业科技发展规划与林草装备调研报告 4 部，获鉴定和认定科技成果 10 余项，多项研究成果在林业实际生产中推广应用。以第一完成人身份获梁希林业科学技术一等奖 1 项、二等奖 1 项，研究成果"木质建筑结构材分等装备关键技术与应用"入选国家"十三五"科技创新成就展。现为中国林业科学研究院林业装备与信息化学科带头人、国家林业和草原局"木材加工装备及智能化"科技创新团队负责人、中国竹产业协会竹产业装备分会理事长，兼任北京林业大学、东北林业大学研究生导师。

王晓欢，女，1981 年生，中国林业科学研究院木材工业研究所副研究员。

纪敏，女，1994 年生，中国林业科学研究院木材工业研究所博士研究生。

王国富，男，1994 年生，中国林业科学研究院木材工业研究所博士研究生。

苗虎，男，1986 年生，国际竹藤中心 / 中国林业科学研究院木材工业研究所博士后。

刁兴良，男，1995 年生，中国林业科学研究院木材工业研究所科研助理。

中国植物多样性及其对自然保护地体系建设的启示

毛岭峰

（南京林业大学生态与环境学院院长、教授）

生物多样性是人类赖以生存和发展的重要基础，保护生物多样性事关人类福祉。工业革命以来，据推测，在气候变化与人类活动的双重影响下，全球生物物种正在以比正常情况快几十到上千倍的速率加速灭绝。但是什么具体因素导致了生物的大灭绝？而人类是否可以减缓或者甚至阻止生物灭绝等问题，已成为全球普遍关注的重要议题。建立自然保护地是人类保护重要生物类群及其栖息地最为有效的途径之一，对推动全球生物多样性保护起到了极其重要的促进作用。然而，有效的生物多样性保护以及科学的保护行动的开展依赖于对生物多样性形成、维持和灭绝机制的认知，以明晰物种灭绝的主要驱动力，为生物多样性保护策略的制定提供理论依据。在此背景下，中国自然保护地体系的建设同样需要以中国生物多样性的组成、基本格局及其形成和维持机制等基础研究成果为支撑，并从中获得启示，不断推动自然保护地建设的科学化。本次研讨会报告旨在总结近年来中国植物多样性研究的最新成果，并阐述将其融入自然保护地体系建设的相关思路。

---

* 2022 年 11 月，在江苏南京举办的中国林业青年科学家论坛上作的报告。

一、中国植物多样性及其时空演化格局

植物多样性是生物多样性的重要组成部分，同时也为动物等其他生物类群的形成提供了食物和栖息地。根据《中国生物物种名录》2022 年公布的统计结果，中国共有植物物种 39 188 个，隶属于 9 门 17 纲 149 目 542 科 4 480 属。其中，被子植物 32 708 种、裸子植物 291 种、蕨类和苔藓植物 5 494 种。中国高等植物类群总数占据了全世界植物总数的 10%，且具有明显的特有性和代表性（约 50% 为特有类群），是世界生物多样性的重要组成部分。

中国植物多样性是在特殊的地质历史演化过程中逐步形成的，具有明显的时空进化格局。2018 年，国内学者基于海量数据和集成相关分析方法在《自然》杂志上发表了题为 "*Evolutionary history of the angiosperm flora of China*" 的研究论文，首次较为全面地揭示了中国被子植物进化的时空格局。该研究结果表明：中国被子植物具有既年轻又古老的时空特征。在时间方面，接近 66% 的中国被子植物属是在中新世（2300 万年前）以后出现的，但又不乏一些古老的孑遗类群。在空间上，中国东、西部地区的植物分化格局存在显著差异，东部的被子植物属平均分化时间较早，系统发育离散，系统发育多样性较高；西部的植物属则正好相反。中国东部对于草本植物起到了"博物馆"的保存效应，对于木本植物既具有"博物馆"效应又具有"摇篮"的作用；西部地区则成为许多草本植物的分化中心。在系统发育多样性分布层面，中国被子植物属水平的系统发育多样性热点区域主要集中在广东、广西以及贵州、海南等省（自治区、直辖市），种水平的热点地区则主要分布在云南。因此，从被子植物的形成历史和分布特征可以看出，中国植物多样性的分布具有明显的空间格局和结构，需要在自然保护地建设中加以重视和利用。

二、中国自然保护地的建设

作为全球生物多样性最为丰富的大国之一，中国始终致力于全国范围内生物多样性的保护，取得了诸多举世瞩目的成就。在就地保护方面，我国已有 60 余年的自然保护地建设和发展历史，在此期间先后建立了各级各类自然保护地超过 1.18 万个，分别覆盖了国土陆域面积的 18% 和领海面积的 4.6%，保护范围涉及全国 20% 的天然林、50% 的天然湿地和 30% 的典型荒漠区，形成了自然生态系统、野生生物和自然遗迹 3 个类别包含 9 个类型的自然保护地格局。与此同时，随着时代的进步和科技的发展，我国的自然保护地建设和管理方面仍存在诸多问题，保护的科学性和有效性有待进一步加强。为此，2019 年 6 月 26 日，中共中央办公厅、国务院办公厅印发了《关于建立以国家公园为主体的自然保护地体系的指导意见》，目的是进一步优化自然保护地体系，提升自然保护地建设和管理的科学性，最终建立起以国家公园为主体、自然保护区为基础、各类自然公园为补充的自然保护地体系。

三、中国植物多样性及对自然保护地体系建设的启示

自然保护地体系的优化和管理应当以最新的理论研究成果为指导。近年来，保护生物学理论研究方兴未艾，形成了诸多重要的理论成果。特别是大尺度生物多样性格局、生物多样性形成、维持和灭绝机制等相关研究，为未来自然保护地的建设和规划提供了新的视角和方法论指导。在对中国被子植物区系进化史等相关问题的研究和认知中我们逐渐发现，植物多样性格局及其历史成因对我国自然保护地体系建设有诸多新的启示。

（一）启示 1：物种的进化历史需要考虑

从物种保护价值的角度，不同物种在演化历程中的价值具有不对等性。就某

一特殊进化分支的物种而言，其所代表的独特进化历史具有不可替代性。一旦这些类群灭绝，由其记录的进化痕迹亦将不可逆转地消失。从系统发育的角度来看，年轻且物种丰富的分支中一个物种灭绝所造成的进化信息损失显然比古老且物种贫乏的分支中一个物种的灭绝所造成的进化信息损失要小。例如，百岁兰（*Welwitschia mirabilis*）是百岁兰目（Welwitschiales）唯一现存的物种，具有极强的系统发育独特性。它的灭绝将导致该分支进化历史和遗传资源的整体丧失。因此，将物种保护需要和植物的演化历史相关联，才能更准确地分辨出在演化上濒危且具有保护价值的物种。

（二）启示 2：物种的特有性需要考虑

自然保护地空间优化的核心和前提是获得多样性空间分布图及其机制解释。传统自然保护地的设立多以单个区域、单个类群、特定保护目标为主要依据，缺乏对区域整体生物多样性保护的考量。同时，过去的保护地规划中，对一些生物多样性不高的区域缺少关注，原因是缺乏对物种特有性的认知，只考虑物种在该地区的稀有度，没有考虑其系统发育的独特性。在此情形下，一些局部种群数量大，但是系统发育独特性较高的物种往往容易被忽略；同时，亦有可能将局部稀缺但系统发育独特性不高的物种列入优先保护的类型。因此，在自然保护地建设过程中，必须充分考虑物种稀有度和系统发育独特性这两个重要指标。

（三）启示 3：物种的灭绝风险及其形成因素需要考虑

不同进化分支的类群在响应全球气候变化以及人类活动干扰的能力方面存在分化。相应地，在相同环境胁迫条件下不同物种的灭绝风险也并不相同。研究结果表明，植物物种的灭绝风险具有进化的非随机性，一些古老的类群，如裸子植物苏铁类以及早期被子植物木兰类的许多类群，均在世界自然保护联盟濒危物种红色名录之中。植物灭绝风险的系统发育保守性在一定程度上有助于识别受威胁的植物物种以及相关的生态系统，在自然保护地体系构建中具有潜在的应用价值。

（四）启示 4：植物功能多样性需要考虑

植物功能性状是植物与环境长期作用的产物，具有不同功能性状的植物类群在响应环境变化的策略方面具有差异。例如，我们的研究发现木本和草本植物的灭绝风险的系统发育信号不同：在全球气候变化背景下，木本物种比草本物种更有可能面临更高的灭绝风险。同时，灭绝风险又常因植物性状和外部变量不同而异。木本物种灭绝风险受高度和降水量的强烈影响，而草本物种灭绝风险主要受年平均温度而非植物性状的影响。中国的植物功能多样性具有明显的空间结构，充分解析植物功能性状与环境因子和灭绝风险的关系，可以为濒危类群的识别提供重要参考。此外，植物功能多样性和生态系统功能密切相关，可以准确预测生态系统的服务功能。因此，将植物功能多样性作为考虑自然保护地建设和划分的依据，不仅可以有效保护植物多样性，还能保护相关的生态系统服务功能，为有效发挥自然保护地的综合保护效能提供帮助。

四、结　语

植物多样性及其时空分布格局对自然保护地的建立具有重要启示。对植物进化历史、分布格局、特有性、濒危程度以及濒危机制等方面的科学认知，可作为识别保护热点区的重要依据。同时，通过建立植物上述特性与现有保护地的映射关系，也有助于优化现有的保护地体系，为决策者服务，从而进一步提升自然保护地建设和管理的科学性。

作者简介

毛岭峰，男，1982 年生，教授，博士生导师，南京林业大学生态与环境学院院长，"生物多样性与生态保护"研究团队学术带头人。主要从事生物多样性保护、生物地理、森林生态学等方面的研究与实践工作。兼任中国林学会森林生态分会委员、中国地理学会生物地理专业委员会委员、中国自然资源学会森林资源专业委员会委员。在 *Nature*、*PNAS*、*National Science Review*、*Global Ecology and Biogeography*、*Journal of Biogeography*、*Biological Conservation*、*Diversity and Distributions*、*Annals of Botany*、*Journal of Ecology* 等期刊上发表学术论文 50 余篇，主持国家自然科学基金面上项目等各类项目 12 项。

半干旱区山地主要人工林保土净水功能与养分循环特征研究

赵长明

（兰州大学教授）

森林生态系统是陆地生态系统的重要组成部分，为人类社会提供了各种物质和资源。森林生态系统不仅具有涵养水源、防风固沙、净化空气、调节气候、维持物种多样性等多种生态系统服务功能，也是陆地生态系统中非常重要的碳库、资源库、营养库、基因库等。森林生态系统对地球上的气候和环境调节具有至关重要的作用，可以减缓全球变暖和气候变化，促进生态平衡和可持续发展。然而，由于人类活动、自然灾害等原因，全球森林生态系统正面临着严峻的挑战和威胁。为了保护和维持森林生态系统健康，我们需要采取一系列措施，包括加强森林资源保护和管理，推广可持续的森林经营和利用方式，减少人类活动对森林生态系统的破坏，等等。同时，也需要加强科学监测和研究，探索更加科学有效的森林生态系统保护和管理策略。

旱区（drylands）是指干旱指数小于 0.65 的地区，包括极端干旱、干旱、半干旱和干旱半湿润区，约占地球陆地面积的 41%，拥有约 20 亿人口、全球 50% 牲畜、1/3 生物多样性热点地区和鸟类重要迁徙点。旱区森林占全球森林面积 1/4 以上，其

---

* 2022 年 11 月，在江苏南京举办的中国林业青年科学家论坛上作的报告。

中 50% 以上树木的树冠密度超过 70%，且近 1/3 的旱区生长着树木。广泛分布的旱区生物群落主要有草地、灌木林、乔木林等类型，其中森林（灌木和乔木）约占全球旱区面积的 18%，与全球旱区的可持续发展密切相关。因此，在全球环境复杂变化的背景下，特别关注旱区森林结构功能与健康管理显得十分有必要。

目前，我国旱区面积约为 660 万 km²，其中旱区森林面积约为 72 万 km²，占全国旱区面积的 10.9%，占全国森林面积的 32.7%，主要分布在旱区高原山地区域，以山地天然林和人工防护林为主，发挥着重要的水源涵养、水土保持、防风固沙等多种生态功能。据统计，三北防护林工程、退耕还林还草工程、京津风沙源治理工程等重大林业生态工程建设覆盖近 60% 的旱区，仅 2000—2015 年期间，我国旱区森林就增加了 0.6 万 km²。虽然我国旱区森林在统筹推进"山水林田湖草沙冰"一体化保护和系统治理，科学开展国土绿化，提升林草资源总量和质量，巩固和增强生态系统碳汇能力，为推动全球环境和气候治理、建设人与自然和谐共生的现代化过程中作出巨大贡献。但其仍面临着一系列问题和挑战，如人工林中生物多样性水平相对较低，人工防护林存在质量差、衰退风险较大、部分森林生态效益未达到预期等风险，严重制约了区域经济社会的可持续发展。同时，其在土壤水分失衡、土壤干燥层加剧等问题上仍存在争议，引发了社会各界广泛关注。

我国旱区森林面积扩大主要源自大面积人工林的种植，有关旱区人工林生态系统结构功能的演替动态和生态服务效益研究一直备受关注。自 20 世纪 50 年代以来，中国政府在旱区先后实施了黄土高原水土流失治理、三北防护林工程、退耕还林还草工程等一系列重大林业生态工程。截至 2013 年，黄土高原植被覆盖率达 59.6%。柠条（*Caragana korshinskii*）、刺槐（*Robinia pseudoacacia*）、华北落叶松（*Larix gmelinii* var. *principis-rupprechtii*）、油松（*Pinus tabuliformis*）、侧柏（*Platycladus orientalis*）、青海云杉（*Picea crassifolia*）、山杏（*Armeniaca sibirica*）、河北杨（*Populus hopeiensis*)、柽柳（*Tamarix chinensis*）等树种被广泛应用于旱区造林。人工林营造被认为是恢复旱区植被和解决生态问题的最有效措施之一，可以减少土壤侵蚀、改善土壤质量、提高植被盖度等。然而，大规模的植树造林也导致了黄土高原存在过度造林、土壤干化、土壤养分耗竭等现象。其中，土壤养分是维持植物生长、提高物种定植和植被盖度、丰富物种多样性的关键。因此，为了旱区人工林植被恢复工程的可持续、高质量发展，探究旱区人工林保土净水与养分循环机制对于现有人工林的科学经营和维持稳定来说是至关重要的。

综上所述，我们团队依托兰州大学榆中山地生态系统野外科学观测研究站，以陇中黄土高原半干旱区山地主要人工林为研究对象，通过野外调查、定位监测、室内分析等多种研究手段，探讨了该区域油松、华北落叶松、青海云杉、柠条等主要人工林生态系统保土净水功能和养分循环机制，以期为半干旱区山地森林植被恢复和人工林经营管理提供科学依据。

一、半干旱区山地主要人工林保土净水功能

（一）针叶林植物 – 土壤反馈作用和对土壤理化性质的影响

植物–土壤反馈是植物群落组成和物种共存的驱动力，植物的碳、氮和磷含量会显著影响土壤养分含量，不同物种有不同的养分含量，土壤中碳、氮、磷的化学计量由于不同凋落物的输入和根际沉积将不可避免地发生变化。我们研究发现，油松叶片和凋落物的碳氮比、碳磷比以及氮磷比均高于华北落叶松和青海云杉（图1），凋落物碳氮比和养分含量是影响凋落物分解速率和养分释放的最直接因素，并且较高的碳氮比和碳磷比在阻碍凋落物分解中起着重要作用。土壤碳氮比、碳磷比和氮磷比是土壤发育过程中决定土壤养分矿化与固定的重要指标，土壤氮磷比不仅反映了森林生态系统中氮和磷的有效性，还揭示了植物和土壤之间养分动态。3

种人工针叶林土壤养分含量由表层向深层逐渐降低，凋落物分解释放的碳、氮和磷主要集中在表层土壤，只有小部分养分到达深层土壤（图2）。土壤有机碳、全氮、速效养分与田间持水量、土壤总孔隙度、土壤毛管孔隙度呈正相关，与土壤容重呈负相关。土壤粒径分布与土壤有机碳含量密切相关，对土壤有机碳转化有显著影响，土壤有机碳容易与较细土壤颗粒（黏粒和粉粒）结合形成有机-无机复合物（图3）。土壤容重随土层深度增加而增大，不同针叶林间土壤容重差异主要与分解程度和易分解凋落物数量有关。这说明造林后土壤养分含量对土壤物理性状和保水能力影响较大。与油松相比，华北落叶松和青海云杉人工林能显著提高表土养分含量，使表土颗粒更细，显著改善了土壤持水量、总孔隙度和毛管孔隙度，减小了土壤容重，从而使土壤孔隙率越大，其储水能力也越强。

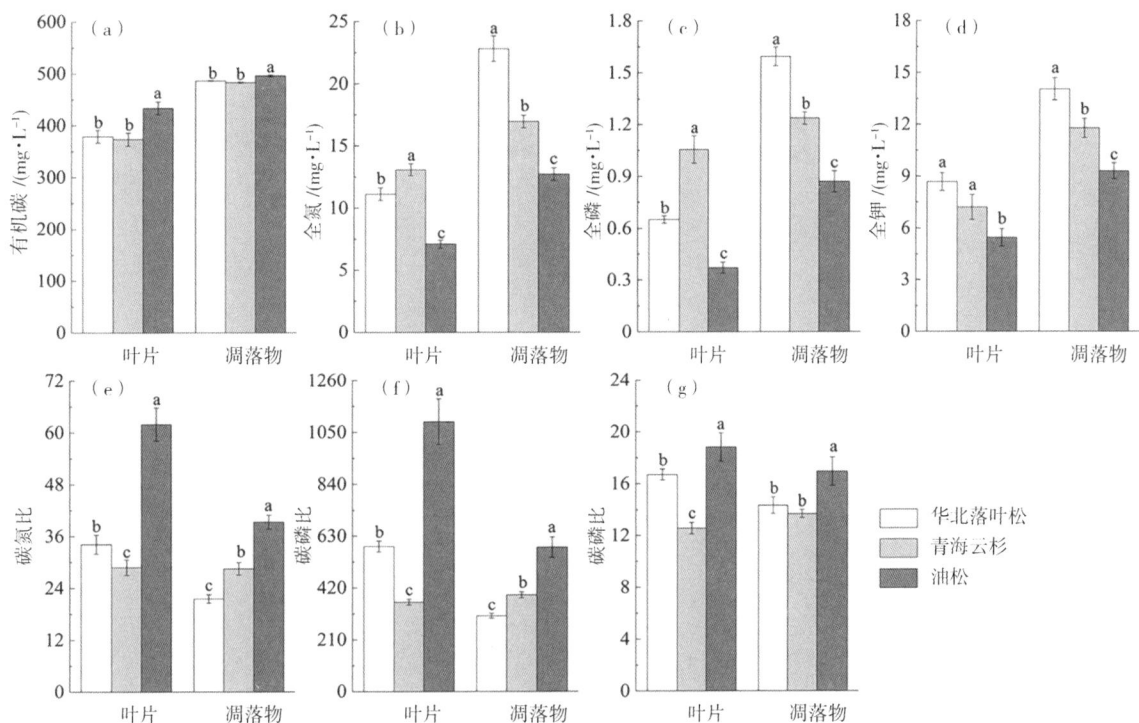

图1　3种人工林叶片和凋落物养分含量及化学计量特征

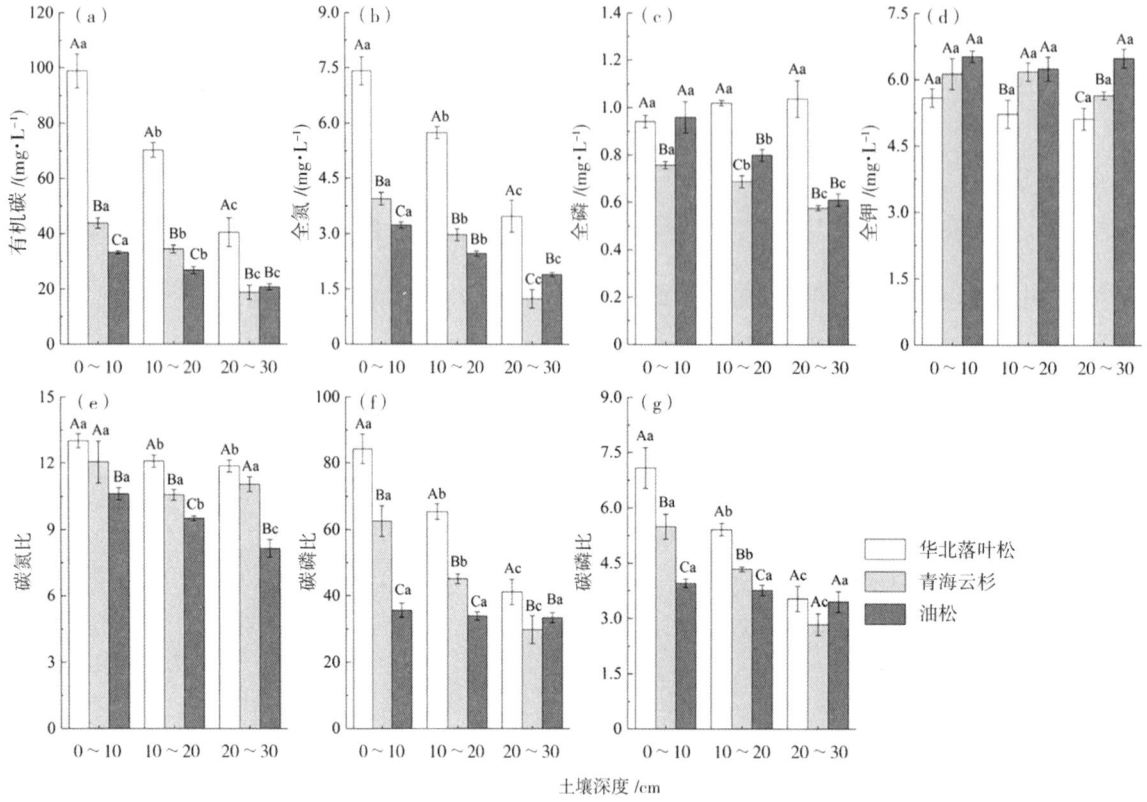

图 2 3 种人工林土壤养分含量及化学计量特征

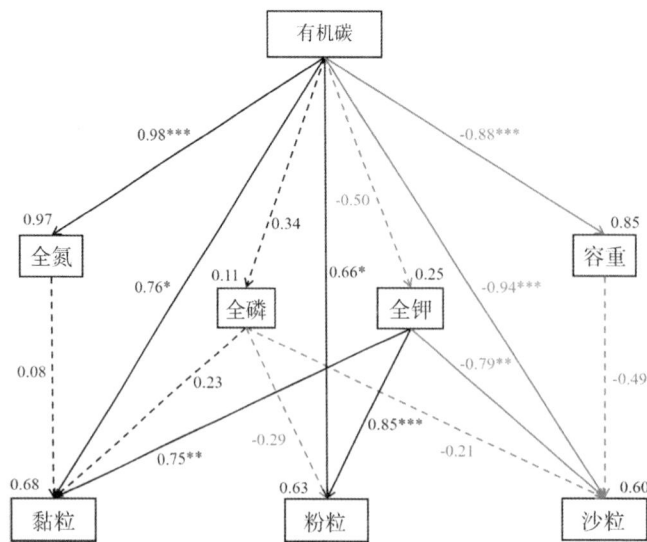

图 3 土壤粒径分布与土壤理化性质关系的通径分析

（二）针叶林对离子的吸附净化能力强于阔叶林

研究表明，不同树种对降雨、穿透雨和树干径流中酸性阴离子（NO_3^-、SO_4^{2-} 和 Cl^-）、金属阳离子（K^+、Ca^{2+}、Na^+、Mg^{2+}、Fe^{3+}、Pb^{2+}、Cu^{2+} 和 Cd^{2+}）、pH 值和电导率有显著影响，且树种与降水量之间也存在交互作用。华北落叶松、青海云杉和青杆林穿透雨与树干径流中的酸性阴离子及金属阳离子浓度，均高于白桦阔叶林和杜鹃灌丛，且树干径流中离子含量高于穿透雨离子含量（图4）。可见，华北落叶松、青海云杉和青杆林林冠层离子吸附能力强于白桦阔叶林和杜鹃灌丛。凋落物层和土层对渗透液中酸性阴离子和金属阳离子含量有显著影响，华北落叶松、青杆、青海云杉、白桦和杜鹃灌丛 5 种林分中，除 SO_4^{2-}、Ca^{2+} 和 Na^+ 外，凋落物和土壤层渗透液中其他离子含量随深度增加呈递减趋势；NO_3^-、Cl^-、K^+、Mg^{2+}、Fe^{3+} 和 Pb^{2+} 主要

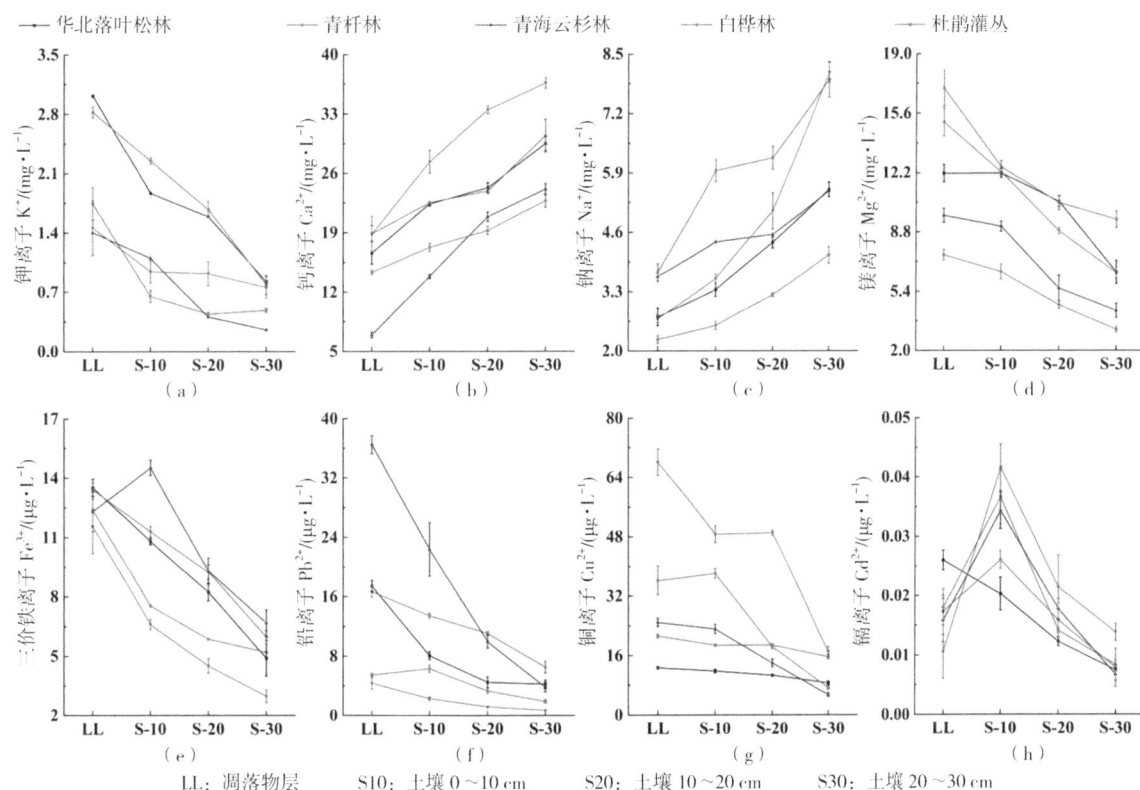

图 4 不同林分凋落物层和土层渗透液金属阳离子含量的变化

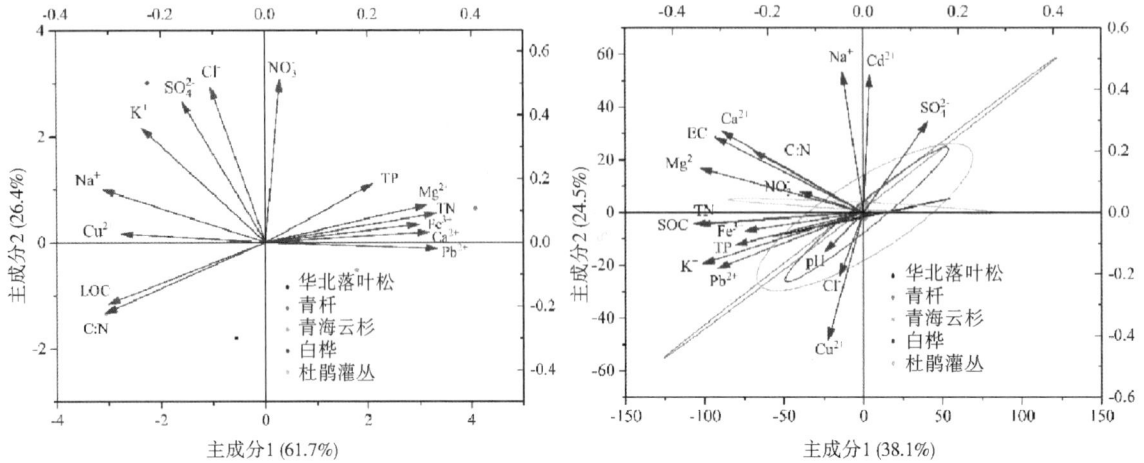

图 5　5 种不同林分凋落物层和土壤层的化学性质与水溶性离子含量的主成分分析（PCG）

集中在表层土壤，而 SO_4^{2-} 和 Na^+ 主要集中在下层土壤（图 4）。5 种林分间凋落物层和同一林分内土层的化学性质不同，青海云杉林的凋落物层有机碳含量明显低于其他林分，华北落叶松和杜鹃灌丛林分的碳氮比值最高。针叶林土壤有机碳和全氮含量分别比阔叶林高 20%～37% 和 34%～63%。土壤和凋落物中有机碳和全氮含量与部分金属阳离子含量存在较强相关性（图 5）。这表明针叶林在凋落物层和土壤层中的离子清除和吸附能力强于阔叶林。有机碳和全氮含量对凋落物和土层中部分金属阳离子（如 K^+、Ca^{2+}、Mg^{2+}、Fe^{3+}、Pb^{2+} 等）含量有较强影响，但对所有酸性阴离子含量影响不明显（图 5）。在凋落物层，凋落物有机碳与 Ca^{2+}、Fe^{2+} 和 Pb^{2+} 含量呈负相关，而全氮与 Ca^{2+}、Mg^{2+} 和 Pb^{2+} 含量呈正相关。总之，半干旱区山地针叶林水质净化功能强于阔叶林。

二、半干旱区山地主要人工林养分循环特征

（一）"叶 - 根 - 凋落物 - 土壤"系统碳、氮、磷、钾化学计量特征

　　林木养分吸收启动森林生态系统的养分循环，但由于树种、造林年限、地形、

气候、土壤性质等差异，显著影响生态系统不同组分间的养分循环过程。植物凋落物是土壤养分的重要补充者，而植物根系吸收作用降低土壤养分，进而改变生态系统的养分循环。我们研究发现，在半干旱区山地人工林生态系统中，叶、根、凋落物与土壤养分含量呈显著正相关。在植物组分中，碳含量与氮、磷、钾含量呈显著负相关，但在土壤中，碳、氮、磷、钾含量呈正相关。不同树种的养分利用策略具有差异性，树种和造林年限强烈改变叶、根、凋落物和土壤中碳、氮、磷、钾含量与比值，同时对叶片氮、磷、钾再吸收效率也具有显著影响。除碳含量外，柠条锦鸡儿、柽柳、山杏、河北杨等落叶人工林不同组分养分含量明显高于侧柏、油松等常绿人工林。另外，半干旱区人工林普遍存在磷限制，绿叶的氮磷比值为21.64，而13年生侧柏林和50年生油松林存在氮和磷的共同限制（图6）。其中，磷再吸收效率与养分含量间呈显著负相关，且绿叶对土壤速效磷呈现"稳态"（$H'_p = 4.18$，表1）。因此，人工林磷限制的潜在适应策略是提高叶片磷再吸收效率并维持绿叶中磷的稳态性。

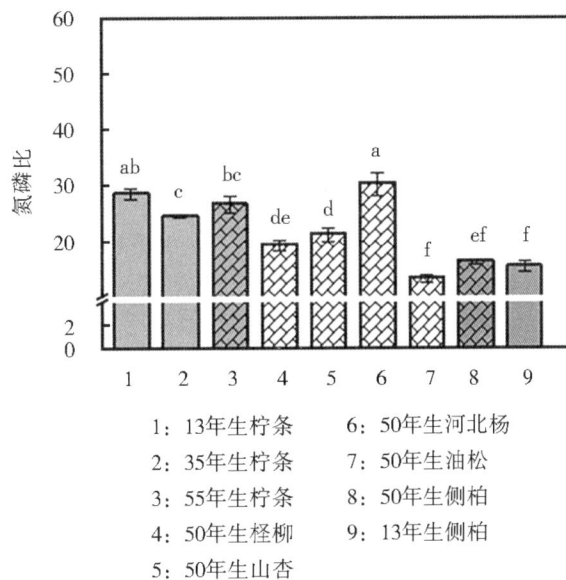

1：13年生柠条　　　6：50年生河北杨
2：35年生柠条　　　7：50年生油松
3：55年生柠条　　　8：50年生侧柏
4：50年生柽柳　　　9：13年生侧柏
5：50年生山杏

图6　不同人工林绿叶的氮磷比差异比较

表 1　人工林绿叶和根的稳态系数

稳态系数	绿叶		根	
	稳态系数 H	P 值	稳态系数 H	P 值
H_C	—	> 0.05	—	> 0.05
H_N	2.18	< 0.05	—	> 0.05
H_P	—	> 0.05	—	> 0.05
H_K	—	> 0.05	—	> 0.05
H'_N	1.49	< 0.05	1.11	< 0.05
H'_P	4.18	< 0.05	—	> 0.05
H'_K	0.60	< 0.05	—	> 0.05
$H_{C/N}$	—	> 0.05	—	> 0.05
$H_{C/P}$	—	> 0.05	—	> 0.05
$H_{C/K}$	—	> 0.05	—	> 0.05
$H_{N/P}$	3.66	< 0.05	1.66	< 0.05
$H_{N/K}$	2.57	< 0.05	—	> 0.05
$H_{P/K}$	—	> 0.05	—	> 0.05

注：H_C、H_N、H_P、H_K、$H_{C/N}$、$H_{C/P}$、$H_{C/K}$、$H_{N/P}$、$H_{N/K}$、$H_{P/K}$、H'_N、H'_P 和 H'_K 分别是在土壤碳、氮、磷、钾及其比值、速效氮、速效磷、速效钾的条件下，植物绿叶或根的稳态系数。显著性水平 $P < 0.05$。"—"表示稳态系数不存在。

（二）造林树种和土壤酶活性对旱地人工林土壤养分的影响

由非林地转换为人工林地，显著改变了地上植被和土壤的生物群落以及理化性质。非林地造林后，促进了凋落物积累，进而刺激土壤生物活动并产生更多酶。我们研究发现，柠条锦鸡儿林土壤总碳、有机碳、总氮、速效氮、速效磷和速效钾含量显著高于山杏、河北杨、油松和侧柏林（图 7）。与天然草地相比，柠条锦鸡儿林显著增加土壤养分，而侧柏林则显著降低了土壤养分。与侧柏林相比，柠条锦鸡儿林叶凋落物具有更低的碳含量和更高的氮、磷和钾含量。柠条锦鸡儿林土壤蔗糖酶、脲酶和碱性磷酸酶活性高于侧柏、山杏、油松、河北杨林和天然草地。叶凋落物化学性质和土壤酶活性对土壤养分总变异的贡献达到 62.20%，表明树种显著改变了

1：草地　　　2：柠条　　　3：山杏　　　4：河北杨　　　5：侧柏　　　6：油松

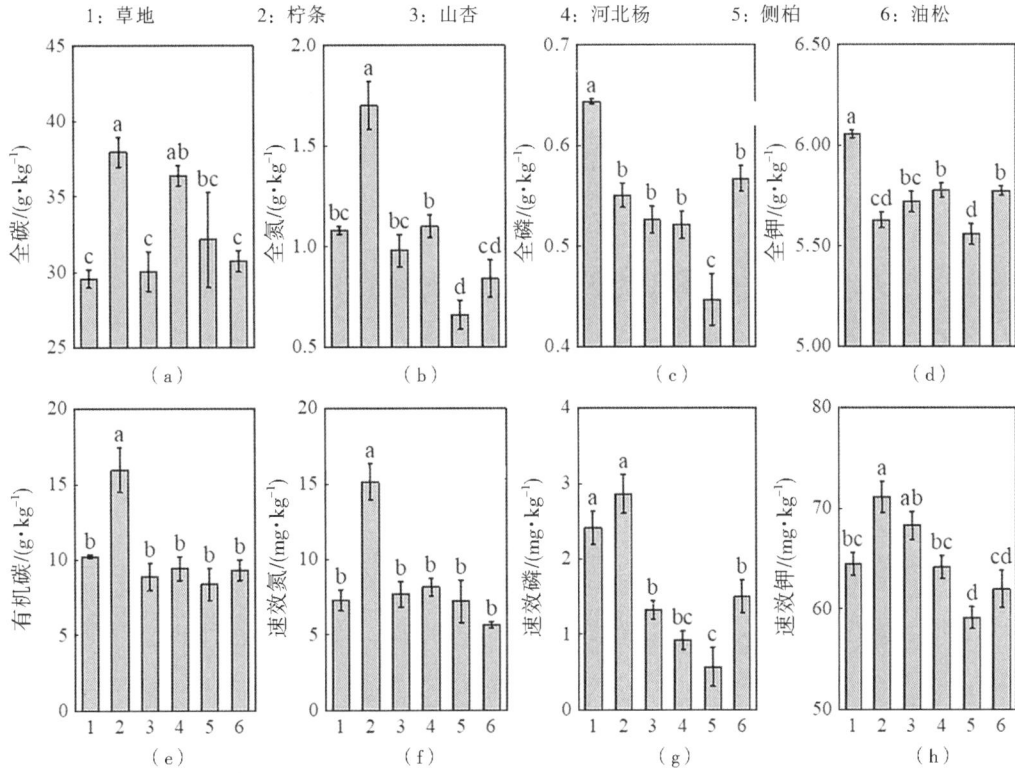

图 7　不同样地土壤养分含量比较

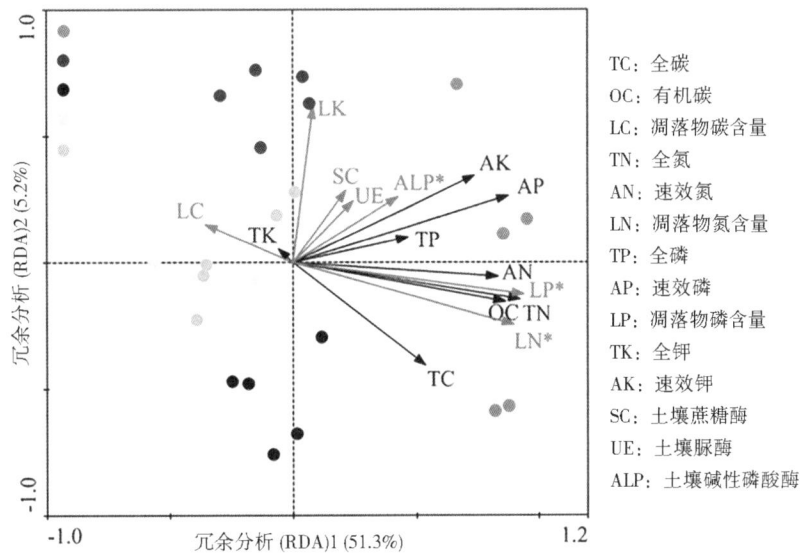

TC：全碳
OC：有机碳
LC：凋落物碳含量
TN：全氮
AN：速效氮
LN：凋落物氮含量
TP：全磷
AP：速效磷
LP：凋落物磷含量
TK：全钾
AK：速效钾
SC：土壤蔗糖酶
UE：土壤脲酶
ALP：土壤碱性磷酸酶

图 8　凋落物化学性质和土壤酶活性对土壤养分贡献的冗余分析（RDA）

人工林的土壤生物群落，进而影响了土壤养分（图 8）。此外，氮、磷相关的叶凋落物、土壤酶和土壤养分间呈显著的正相关关系，说明叶凋落物氮、叶凋落物磷和土壤碱性磷酸酶显著影响土壤养分，氮、磷添加可加速土壤磷转化；同时，改善土壤氮有效性可以促进磷元素的循环，进而促进磷循环、缓解磷限制。

（三）柠条人工林土壤微生物群落比侧柏人工林更复杂

由于豆科树种具有较强的固碳潜力和耐旱能力，其常被用作旱区常用的造林树种。越来越多的证据表明豆科树种对人工林的土壤微生物活性、养分积累等具有积极作用。我们研究发现，随着造林年限增加，人工林土壤细菌与真菌群落的特有运算分类单元（operational taxonomic units，OTUs）比例逐渐提高，而且豆科树种柠条锦鸡儿林土壤微生物群落中特有的运算分类单元比例高于非豆科树种侧柏林。柠条锦鸡儿林土壤微生物群落具有更高的多样性和丰富度，其共现网络具有更短的平均路径长度和网络直径、更高的显著相互关系和积极关系、更大的连通性和图密度（图 9）。进一步研究发现，确定过程主导了柠条锦鸡儿林土壤细菌群落（91.43%）的构建，表明环境因素是细菌群落构建的驱动因素。随机过程（97.14%，100%）主导了侧柏林土壤细菌和真菌群落的构建，表明环境因素与侧柏林土壤微生物群落的关系不紧密（图 10）。此外，柠条锦鸡儿林植物群落盖度和多样性高于侧柏林，其土壤养分、土壤含水量和电导率也均高于侧柏林（图 11）。柠条锦鸡儿林土壤微生物关键物种潜在功能与土壤 pH 值、全碳含量、全钾含量等显著相关，而侧柏林与土壤 pH 值、电导率、速效氮、速效磷显著相关。整体上，豆科人工林可能具有显著改善土壤养分并形成营养丰富土壤环境的潜力，进而支持更多样化的微生物群落；其次，豆科人工林中更复杂和更稳定的共现网络与更丰富的植物群落和土壤养分相结合，从而在系统中产生了植物 - 土壤 - 微生物连续体的良性循环，形成了积极的"植物 - 土壤 - 微生物"反馈。

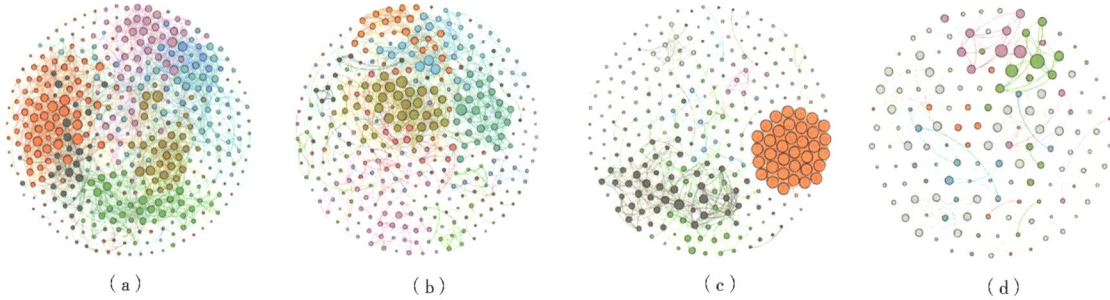

（a）　　　　　　　　（b）　　　　　　　　（c）　　　　　　　　（d）

图 9　柠条锦鸡儿林和侧柏林土壤细菌（a，b）和真菌（c，d）群落的共现网络

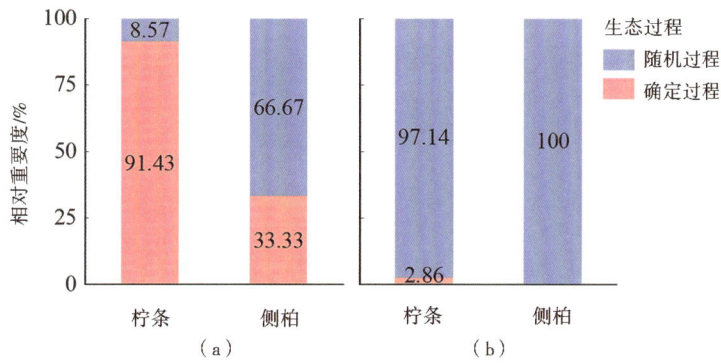

图 10　柠条锦鸡儿和侧柏林土壤细菌（a）和真菌（b）群落构建的生态过程

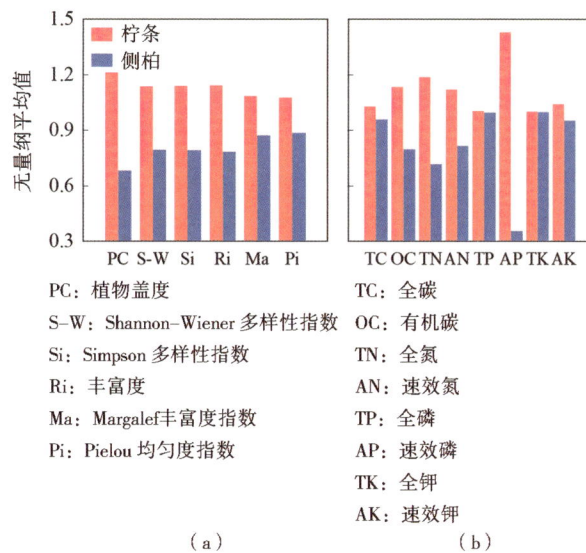

PC：植物盖度

S-W：Shannon-Wiener 多样性指数

Si：Simpson 多样性指数

Ri：丰富度

Ma：Margalef丰富度指数

Pi：Pielou 均匀度指数

TC：全碳

OC：有机碳

TN：全氮

AN：速效氮

TP：全磷

AP：速效磷

TK：全钾

AK：速效钾

（a）　　　　　　　　（b）

图 11　柠条锦鸡儿和侧柏林的植物群落特征和土壤理化性质

三、结　语

在半干旱区山地人工林生态系统中，针叶林的水质净化功能强于阔叶林，且华北落叶松和青海云杉比油松更能够显著提高土壤养分，显著提高了土壤持水量、总孔隙度和毛管孔隙度，降低了土壤容重，使土壤具有较大的孔隙度，提高了土壤的蓄水能力。树种和造林年限驱动了旱区人工林生态系统的养分循环，碳氮磷钾在"绿叶－细根－叶凋落物－土壤"系统中的循环具有明显异质性，且人工林存在磷限制，潜在适应策略是提高叶片磷再吸收效率、维持绿叶磷稳态性。旱区豆科人工林存在显著积极的氮磷耦合关系，故改善土壤氮素水平可以促进生态系统磷循环，更高的土壤碱性磷酸酶活性诱导富含磷的凋落物分解，释放更多磷以缓解磷限制。与非豆科人工林比较，豆科人工林的土壤微生物共现网络更复杂、更稳定，其土壤养分含量和植物多样性也更丰富、更高，且豆科人工林土壤微生物群落与植物群落、土壤性质的关系更紧密，形成了积极的"植物－土壤－微生物"反馈。上述研究结果可为半干旱山地森林生态系统的土壤保育、养分循环、人工造林、水资源管理和森林恢复与可持续发展等提供理论支撑。

作者简介

赵长明，男，1978 年生，教授、博士生导师，国家杰出青年科学基金获得者，甘肃省拔尖领军人才。主要从事旱区树木生理与森林生态学、旱区林草生态系统综合观测等研究，解析了旱区 20 余种造林树种生长对干旱等多重逆境胁迫和气候变化的综合响应规律，揭示了基于林木水碳代谢过程的生理调控机制，评估了旱区不同森林植被土壤保育、水质净化等多功能效益差异，提出了旱区生态系统多稳态交叉分岔模式和稳态转换机理，搭建了西北旱区森林植被恢复与保持野外科学观测研究网络。

苏州创建国际湿地城市实践问题与对策研究

冯育青　等

（苏州市湿地保护管理站长，江苏太湖湿地生态系统国家定位观测研究站站长、研究员级高工）

苏州市依托丰富的湿地资源禀赋和独特的江南文化传承，正在积极创建"国际湿地城市"。2022 年以来，在各地各部门的共同努力下，该创建工作取得了阶段性进展，但也遇到了公众的知晓度、参与度和体验度不高，整体推进难度加大等问题与挑战，建议从推动社会广泛宣传、融入城乡发展、提升福祉措施等方面努力，把"两山"理念转化为苏州市的生动实践，将秀美湿地转化为城市发展优势，为市民百姓带来更多生态福祉。

一、已有工作成效

（一）加强组织协调

　　苏州市委、市政府成立了申报国际湿地城市工作领导小组，省委常委、市委书记曹路宝任第一组长，市长吴庆文任组长。苏州市政府印发了《苏州市申报国际湿地城市工作方案》，制定了 8 项主要任务，分解细化了 30 项重点工作。市政府召开

---

* 2022 年 11 月，在湖北武汉举办的《湿地公约》第十四届缔约方大会"中国国家湿地公园的保护与发展"分论坛上作的特邀报告。

了全市动员会，领导小组办公室牵头召开全市成员单位联络员会议和培训会，建立协调沟通机制，形成了湿地保护工作网络。

（二）提升湿地保护率

苏州市湿地资源丰富，湿地率超 38%，已认定 15 处省级重要湿地。2022 年以来，各县级市、区新建、扩建湿地保护小区 23 处，新增受保护湿地面积 17.6 万亩，自然湿地保护率达 72.4%，位居全省第一。

（三）推进湿地规划

苏州市将湿地保护纳入正在编制的"十四五"国土空间规划，《苏州市湿地保护规划》及各县级市、区湿地保护规划修编工作有序推进，各县级市、区规划修编工作均已启动，苏州大市规划已明确大纲，进入项目梳理、初稿编制阶段。

（四）加强特色梳理

各地各部门持续推进湿地生态保护与修复，梳理形成科普宣教、保护修复、城市湿地和乡村湿地 4 个方面的亮点和成效，挖掘张家港世茂湿地自然学校、吴中区太湖生态岛等 31 个典型案例。

（五）完善规章制度

苏州市在全省率先出台了《苏州市长江经济带湿地保护与修复实施方案》，将自然湿地保护率纳入全市高质量考核指标体系，完成了认证的重要指标；发布地方标准《湿地自然学校建设指南》（DB 3205/T 1053—2022），创新湿地科普宣教制度体系。

（六）推进科普宣教与志愿者体系建设

苏州市已建成 21 个湿地公园，打造 11 所湿地自然学校，每年开展自然教育活动 300 次，惠及市民百姓 6 万人次。探索自然教育与志愿者体系融合发展，实施"湿地公民科学家养成计划"项目，招募家庭志愿者 486 人，宣传超 12 000 人次，有效壮大了湿地保护志愿者队伍。

二、主要存在的问题

调研显示，虽然创建工作整体较顺利，但主要工作仍处在政府部门主导阶段，市民百姓对相关工作尚不了解，公众的知晓度、参与度和体验度均不高，尚未体会到湿地城市创建带来的切实福祉。

（一）公众知晓度不高

目前，涉及湿地保护的宣传主题和内容较为分散，尚未以国际湿地城市创建为主题开展系统性宣传，宣传的集中效应尚未发挥。目前的宣传对象以政府部门工作人员为主，面对市民百姓的宣传报道内容不多，数量、频次不够，覆盖面较窄，影响范围有待扩大。

（二）公众参与度不高

从市民百姓来说，国际湿地城市表面上与自己的生活比较远，大众不清楚如何参与、去哪里参与相关活动，导致参与创建的市民数量少。从政府部门来说，以湿地保护主管部门推动为主，相关部门主动参与动力不足，尚未把本部门本行业的工作与国际湿地城市结合，对不同类型的亮点挖掘不够。

（三）公众体验度不足

目前的创建工作以政府推动为主，尚未将创建成效与市民百姓建立起更多联系，大众参与体验湿地生态福祉的渠道不畅，缺乏对国际湿地城市的正确认知，"事不关己"的心态导致对创建工作的认同感不高，主动参与的意愿不足。

三、对策与建议

（一）推动广泛宣传

1.加强媒体专题报道

加强电视、广播、报纸等市级媒体的合作，积极争取国家、省级媒体支持，筹划苏州市湿地保护专题节目，对创建国际湿地城市进行专题报道。用好《苏城议事厅》等栏目，向市民百姓展示创建阶段性成效。用好"苏州市创建国际湿地城市专题"网站，丰富宣传形式，增加特色内容，进一步提升浏览量，扩大宣传覆盖面，提升市民知晓度。

2. 加强社会公益宣传

在城市主干道、城市地铁、公交车、出租车等交通运输工具的车载电视、电子显示屏上经常性播放公益广告。在景区、景点、湿地公园、科普教育基地刊载公益广告。在大中专院校、中小学校校园宣传栏、墙报、板报和广播，经常性刊播湿地保护相关内容。充分利用广场公园、主干道路、路牌等电子显示屏、楼宇电视、大型户外广告牌等媒介，宣传展示国际湿地城市创建工作。组织社区利用室外文体活动广场、文化展示墙、公开栏、电子屏等媒介，全方位、多角度地宣传湿地保护相关内容，同时组织开展创建湿地宣传活动。

3. 加强宣传阵地建设

打造集中展示苏州市湿地保护管理特色成果的场所，做好科普宣教馆的提升和改造工作，为创建国际湿地城市提供类型多样的典型示范。张家港市重点提升阳湖湿地公园科普馆建设，集中展示长江湿地保护修复成效；常熟市重点提升南湖湿地公园场馆建设，展示常熟打造国际湿地城市成效；吴江区重点优化同里湿地公园场馆，集中展示科普宣教和江南湖荡湿地保护修复成效；吴中区重点提升太湖湖滨湿地公园场馆，集中展示东太湖湿地历史变迁和保护成效；虎丘区重点提升太湖国家湿地公园场馆，集中展示太湖湿地历史成因、保护修复成效等；其他市、区结合本地湿地资源特色，利用现有科普馆、展览馆等资源，突出展现江南水乡风貌、生物多样性保护、水环境治理等湿地生态保护成效，彰显江南水乡的生态魅力。

4. 广泛开展线下宣传

利用湿地公园、湿地保护小区、水源地保护区、湿地生态村等宣传阵地，通过举办宣教活动、发放宣传手册、悬挂宣传标语、推送宣传短信等方式向湿地周边市民群众介绍湿地保护相关知识、宣传湿地保护法律法规、传递生物多样性保护的重要意义，凝聚保护共识。

5. 发挥新兴媒体作用

把互联网传播、移动端传播作为重要传播阵地，推进融媒体报道。综合采取动漫视频、一图读懂、GIF 文图、电子海报等形式，多角度进行创建工作宣传，推动形成传统媒体以及新媒体矩阵，集中宣传湿地保护和湿地城市的强大声势，努力营造"人人参与创建、共建湿地城市"的良好氛围。

（二）融入城乡发展

创建国际湿地城市是一项广泛性、系统性工作，涉及城市发展的方方面面，从城市到农村全覆盖，要全面发挥各地各部门的工作优势，共同推动湿地城市创建融入城市发展。

1. 将湿地保护融入城市综合治理

在城市河湖管理中，建立健全四级河湖长制、林长制体系，加强生态保护红线监管，重点实施河湖生态修复、水系整治、蓝藻监测预警、生物多样性监测和保护等，持续提升河湖湿地水环境质量；加强海绵城市建设，在合适的区域打造亮点和示范，发挥湿地在海绵城市体系中的生态和社会效益；加强城市湿地管理，推动企业绿色集约化发展，在发展中减少工业化和人类活动对湿地的影响，推广建设人工净化型湿地提升生产污水质量。

2. 将湿地融入农村建设发展

在乡村振兴、美丽乡村建设等战略背景下，充分发挥湿地保护的作用。在农村人居生活环境整治中加强乡村河道治理，通过建设小微湿地等方式提升农村污水处理能力，改善河湖水质；在农业面源污染治理中，推进高标准农田改造和高标准池塘改造，通过尾水循环、净化等方式降低农业面源污染；在区域土地综合整治中，将农田、路桥、民居、河湖等综合考虑，系统化提升生态功能，充分发挥湿地生态效益。

（三）提升福祉措施

在湿地城市创建中打造更多更优的绿意空间，打响湿地宣教特色品牌，完善湿地志愿者体系，让创建的红利惠及更多市民群众，提升百姓的生态福祉。

1. 改善湿地生态质量

运用基于自然的解决方案（NbS）理念在苏州市选择合适的地点，如太湖生态岛、湿地公园、农业示范园区等开展不同的生态修复措施和科研监测模式试验，实施鸟类栖息地修复、农田尾水减排和"四季水田"等项目，布局具有自动环境监测设备，开展环境质量监测研究，并将成功经验推广应用，打造更多湿地生态亮点，提升现有湿地资源质量，用科学数据直观展示湿地城市创建带来的生态改善，为市民群众提供更多休闲共享的绿意空间。

2. 发展湿地自然教育

持续擦亮"苏州湿地自然学校"品牌，加强湿地自然教育"阵地＋队伍＋课程"体系建设，提升湿地公园硬件设施，加强从业人员科普能力培养，完善行业人才队伍发展体系，创新科普课程研发，持续为市民群众提供优质的自然科普产品，满足人们日益增长的自然教育需求；针对"双减"政策持续深入的新形势，探索建立"学校＋"湿地科普示范体系，促进学校传统课程与湿地自然教育课程融合，让苏州市少年儿童常态化体验湿地自然教育福利，树立全省乃至全国新标杆。

3. 完善湿地志愿者体系

围绕国际湿地城市标准，建立健全湿地志愿者制度体系，提升市民群众体验度。对于企业志愿者，促进履行企业社会责任，以团队方式参与湿地生态保护修复相关体验活动；对于社会家庭，创新融合湿地自然教育与志愿者体系建设，采用"家庭＋

体验＋进阶"志愿者培养模式，以家庭带动社会，让家庭成员成为湿地志愿者队伍壮大的主要来源，通过"边实践边培养"的方式，让社会家庭在体验湿地城市生态福祉的同时主动转变成志愿者，发挥宣传、组织、讲解等不同作用，扩大湿地保护和湿地城市影响力。

四、小结与展望

创建人与自然和谐共生的国际湿地城市是苏州市贯彻习近平总书记"凝聚珍爱湿地共识，推进湿地保护进程，增进湿地惠民福祉"湿地保护主张的全新实践，是推进生态文明建设的重要举措，更是为广大市民百姓创造生态福祉的有效途径，未来将进一步发挥优势，补齐短板，通过扩大宣传、加强体验，引导全民参与，形成全社会共同创建的良好氛围，推动苏州市湿地保护和创建工作再上新台阶，打造独具苏州市特色的"国际湿地城市"，切实提升人民群众的幸福感和满意度。

作者简介

冯育青，男，1970 年生，博士，苏州市湿地保护管理站站长、国家林业和草原局江苏太湖湿地生态系统国家定位观测研究站站长、研究员级高级工程师，主要从事湿地生态学领域的管理和科研工作。江苏省第四期"333 工程"第三层次培养对象；主持起草了《苏州市湿地保护条例》；主持编制了《苏州湿地保护和恢复规划（2016—2030）》；获梁希林业科学技术进步奖 3 项。

范竞成，男，1985 年生，苏州市湿地保护管理站副站长、高级工程师。

朱铮宇，男，1981 年生，苏州市湿地保护管理站副站长、高级工程师。

李欣，女，1982 年生，苏州市湿地保护管理站高级工程师。

借鉴案例探索林草融合治理途径

唐 赟[1] 王振鲁[2]

（1.南京林业大学马克思主义学院研究员；2.南京林业大学生态文明建设与林业发展研究院科长）

习近平总书记多次强调，"山水林田湖草沙冰"是一个生命共同体。党的十九大报告提出，要加快生态文明体制改革，统筹山水林田湖草沙冰系统治理。《深化党和国家机构改革方案》提出组建国家林业和草原局，这就为林草融合高质量发展指明了方向，提供了遵循。近年来，从顶层设计到地方实践都对林草融合进行了积极的探索且成效显著。

一、我国林草治理现状与存在的问题

近年来，林草资源生态环境保护工作取得了积极进展，"十三五"期间林草系统在保护修复、国家公园、野生动植物保护以及生态富民和脱贫攻坚等方面不断取得进展。全国完成造林 5.45 亿亩，连续 30 年保持双增长，300 多种珍稀濒危野生动植物种群稳中有升。同时，灾害防控能力逐步提升，林草工作形象不断提升，我国与25 个国家签署了 33 份合作协议；草原保护修复政策和重大工程项目得到了深入实施，人工种草生态修复试点正式启动，天然草原综合植被覆盖度达 56.1%，草原生

---

* 2022 年 5 月，在江苏南京举办的第二届"生态文明引领下的乡村振兴"国际研讨会上作的报告。

态质量得到显著提升。我国在防风固沙、保持水土、调节气候和维护生物多样性等方面取得了优异的成效，林草治理体系和治理能力现代化处于稳步提升之中。"林长制"正在全面推行，林草融合也取得了较好的进展，同时也存在着一定的不足之处，有待完善。一是治理能力现代化未能区别于治理体系现代化，尚处于治理体系现代化之后治理能力自然而然地现代化的认知状态；二是"林长制"尚处于职责、任务、程序以及要求等落实阶段，未涉及如措施、工具乃至思路、决策等方法论层面，随着任务链的延伸，质量难以保障；三是政策制度的制定略显滞后，表现在政策法规出台延缓、对于生态优先没有具体的参考指标和程序要求、缺乏与时俱进的调整和修正；四是基础工作、重点工作以及督查工作不到位，表现在明细不清、数据不详、落实不严等方面，在精细化方面亟待加强。

二、部分欧美等国林草治理的案例

过去的 10 年间，中国林业和草原治理取得了长足进步，但仍然面临着许多问题，应寻求突破发展瓶颈，走林草融合高质量发展之路。欧美等发达国家在林草治理的政策、制度、法律、管理等方面的长期经验做法值得我国重视并借鉴。

美国重视法制和标准体系建设。美国林务局对林草方面的治理以依法治理为主，1891 年《森林保护区法》以及 1897 年的《森林生态系统管理法》等标志着美国森林治理走向法制化轨道。美国在将草原视为重要生产资料的同时，高度重视草原的自然生态属性，为此颁布了多部法律，其中《美国国家环境政策法》就首次提出环境影响评价制度。美国的依法治林还表现在如美国农业部（USDA）以及美国联邦环境保护署（EPA）等林业标准化管理机构的设置，以及与林业标准管理体系机制的契合。标准体系以共同治理为核心理念，以与法律衔接为体系、机制的根本保障，例如，建立了草地健康评价体系和标准，监测、控制草原利用，将相关信息录入数据库并在线公开，草原利用采用了精细化管理。

法国重视长期规划和共建共治。法国国家林业局（ONF）通过制定长期规划、开展定期监测与评估、平衡狩猎林生态等 3 个方面在实践中采取更为平衡的林木经营策略，通过加强社会合作，争取更多的社会资源支持，更清晰地向公众展示、解释治理理念、措施和方案，吸纳公众建议，做到共治、共建，同时发展品牌计划，把品牌认证实践和经验向全国全面推广、复制。

德国重视"营林"及标准化和法制化。德国的森林经营具有 200 多年历史，形成了一套完整的营林造林技术体系。国有林管理改革的核心内容是"政企分离"模式，即政府林业行政管理机构作为职能部门，不直接经营，由相应的企业经营并接受监督。同时，德国的林业管理注重标准化，并以标准化体现体系化和法制化。涉及林业标准化的管理机构包括德国标准化学会（DIN）、德国农业协会（OLG）等。德国标准化学会标准享有事实上的法律约束力。

澳大利亚重视管理模式和补贴。澳大利亚鼓励社区化管理模式，支持共同协商的管理方式，并要求共同承担后果。在草原利用管理政策方面，通过实行围栏放牧和划区放牧的轮流制，使得草场得到充分利用和休养。此外，政府通过推行减税及补贴对使用先进技术的牧场主给予免税，对遭受自然灾害的给予补贴，来减弱生态政策对牧场主经济的影响。澳大利亚还很重视草原科技服务，政府通过组织科研院所、农业技术推广等机构提供技术支持和咨询服务，以及通过加强宣传来帮助农牧户更加有效、环保地利用草场资源。

日本重视灾害关联和信息技术应用。日本注重依法治林以及智慧林业等，特别重视与自热灾害相关联方面的研究。日本制定并通过了《日本国有林经营管理部分法律修正案》，创建了"林木采伐权"制度。日本近年来的"林业创新"主要体现在数字化森林信息应用、信息通信技术管理技术的推进、林业机械自动化与先进造林技术的引进与实践等方面。

三、我国林草融合治理的路径及案例

我国林草融合治理，在顶层设计的指导下，在学界科研的进步以及各地积极主动的探索实践中，逐渐形成了集制度、政策、科研、实践以及地方首创于一体的现代化、特色化、协同化的高质量发展路径与模式。

（一）管理层提出要求

自 2018 年 4 月 20 日，草原监理中心从农业部整体划转到国家林业和草原局，林草融合成为一项重要工程而展开。国家林业和草原局要求高起点谋划，全面推进草原与林业工作深度融合，并强调推进林草融合是一项系统性工程，在机构改革方面强调，要按照中央确定的改革方案和"先立后破，不立不破"的原则切实抓好草原机构改革任务的落实。国家林业和草原局草原管理司要求，要贯彻落实好林长制，进一步探索融合之道。

（二）学界展开科研

国家数字林业重点实验室以林草业专业知识结合林草统计数据、科研及网络数据，利用大数据决策支撑，富媒体内容呈现，以及交互技术、内容可视化技术、人工智能技术等，加快林草融合发展。中国林业科学研究院草原保护与生态修复创新团队以草原保护与生态修复创新技术的研究与突破为重点，为林草融合发展提供科技支撑。

（三）地方探索案例

1. 山西模式：机制建设与信息技术深度结合

通过草原管理工作"八大突破"，实现林草"六大融合"，即在研究草原科技服务支撑、探索草原保护修复路径、开展草原资源依法保护、理顺职能提升治理能力等 8 个方面力求突破；在科技支撑、体制机制等 6 个方面实现融合。山西省在全国率先出台了《山西省草原生态保护修复治理工作导则》，"太岳方案"作为林草融合突破口，以试点单元打造草原科普、文化生态传承以及休闲体验基地。关帝山国有林管理局率先启动智慧林草大数据管理平台试点建设，使现代科技与林草行业进行深度融合。

2.贵州模式：与国内外科研院所合作发展林下草业

贵州省独山模式通过加快发展林下草业促进林草融合。贵州省草推站独山奶牛基地，长期与新西兰梅西大学等国内外科研院所合作，开展林下种草、林间种草，形成了林、草、牧、产以及土壤养护和灾害防控的立体生态、复合生态的林草融合发展独特模式。

3.内蒙古模式：探索草原经营体制机制改革

内蒙古自治区多年来积极探索草原经营体制机制改革，在全国率先推行"草畜双承包"和草原"双权一制"，并且在全国率先出台了《内蒙古自治区草原管理条例》《内蒙古自治区基本草原保护条例》等地方性法规和规章。同时，通过采用遥感技术、地理信息技术和全球定位技术进行监测，积累了大量数据，为决策体系和能力的现代化提供了依据和工具。

四、促进我国林草融合高质量发展的对策建议

（一）运用数字工具建设林草融合制度体系

建议采用数字人文方法论综合利用林和草以及林草融合的大数据建立，并完善林草融合的相关制度体系。一是要以林（草）长制为总抓手，顶层设计以数字人文方法论为切入点的林草融合方面的制度体系的建构和完善；二是引入数字人文相关人才或对具体的制定、实施、监督等工作人员进行相应的数字人文培训；

三是逐渐将相关资源、业务、档案、材料进行数据化、数字化，建立数据库，为运用数字人文制定制度奠定基础；四是组织业务精熟的工作人员开发林草融合制度建设所需的新机构、新项目，以及新科研的问题、方案以及创意等，并付之数字化，再运用数字技术，如大数据的跟踪、检索等功能寻求突破；五是在实践中完善林草数据库，在数字技术中提升融合数据运用成效，并持续改进、完善制度。

（二）健全信息机制提升林（草）长治理能力

建议通过健全信息机制来提高林（草）长的决策能力及机构系统的运行能力，进而提升治理能力。一是树立共享、共建、共治的林草融合的价值观，林业和草原各部门之间，林草部门与其他部门之间，各区域、各行政级别之间，以及与社会、公众之间，要基于信息的公开、透明以及时效注重公共性，让决策更加科学、合理、廉洁、高效；二是建立交叉复核制衡共享的林草融合信息治理制度体系，这就要切实处理好"分布式"和"集中式"之间的关系，既能够依据大数据自行客观处理好日常具体融合事务，又能够依托数据精准决策"上报""沟通"紧急状况并同时做好处置工作；三是设立林草融合政策信息机构共同体并保障其有序运行，要综合发挥好林草相关党委和政府部门办公室，研究室各研究院、信息中心，以及智库和学会、协会等，要特别重视全媒体的建构和应用，把握好建言献策以及宣传、监督功能的协同，形成林草融合及治理的决策共同体；四是建立富足的林草融合及治理的信息获取环境，除不可公开的信息和数据外，林草融合相关工作的数据应当公开为公众悉知，用信息化、智能化方式呈现出来。

（三）试点林草融合样板地乡村振兴路径

林草融合是生态文明建设的一项重要举措，既要注重对林草的生态保护、修复，又要利用林草资源发展经济社会，林草融合要放在新发展格局和乡村振兴的大环境大背景下来考量，建议设立试点，用林草产业促进乡村振兴。一是依托现代林草产业示范区的创建工作，构建林草产业链组建林草产业集群，同时设置统一的林草产业市场，促进林草产业高质量发展，进程中要发挥好林（草）长的领导、组织、协调和管理的作用；二是借鉴采用农民合作社"三位一体"的做法，试点林牧民合作社"三位一体"，以类似于小农的小林牧民为中心，以供销社、林草联等为载体，综合运用产业、供销、信用合作社推进林牧地的乡村产业振兴；三是践行绿水青山就是金山银山理念，在产业振兴进程中不断探索林草融合生态保护和经济效益的最佳契合点以及践行的方式方法，创新生态经济模式；四是将样板地的试点成效总结归纳，探索规律，并因地制宜地向全国各地林草融合区域推广。

（四）依据"宜林宜草"设立生态"三偿"机制

生态"三偿"机制是指生态功能转移补偿机制、生态产品使用有偿机制以及生态环境损害赔偿机制。其中有偿使用不仅是指具体的林草孳息产物商品，亦指林草融合整体的环境效应带来的生态经济的商品属性并外显于价格。这一点与生态补偿机制可相互协调、相互延伸。长期以来，我国对草业的重视程度不如林业，其中一个重要的原因是草业的经济价值相比林业特别是经济林来说有着一定差距。因此，宜林宜草的原则和标准，会对宜草部分的经济造成损失；但是，宜草部分却是林草融合整体优化的贡献者，理当与受益者分享成果。一是要依托数据制定环境价格指数，制定林草融合的生态系统生产总值（GEP）；二是要为因宜林宜草标准而放弃更高经济价值的林木种植的地区，依据林草融合的整体生态系统生产总值设计补偿或有偿购买方案和托底价格指数，并以法制保障落实；三是在补偿机制有失公平的状况下，要多采用市场化的生态环境购买方式，将因生态受益的地区的收益公平地向生态供给方流动；四是要对不执行宜林宜草的地区的部门、单位和个人实施惩罚，要严格生态损害赔偿的实施。

作者简介

唐赟，男，1982 年生，南京林业大学马克思主义学院、江苏省习近平新时代中国特色社会主义思想研究中心南京林业大学基地、南京林业大学中国特色生态文明建设与林业发展研究院、国家林业和草原局林业遗产与森林环境史研究中心研究员，研究方向为生态文明与乡村振兴。

王振鲁，男，1984 年生，南京林业大学生态文明建设与林业发展研究院科长。

第三篇

调研报告

推动咸宁市竹产业高质量发展的建议

谢锦忠 等

（中国林业科学研究院亚热带林业研究所竹子协同创新与国际合作中心主任、研究员）

竹产业是践行绿水青山就是金山银山发展理念的绿色产业，也是推动山区农民增收致富、实施乡村振兴战略的朝阳产业。近年来，国家层面高度重视竹产业发展和竹林风景线建设，习近平总书记在浙江安吉、四川宜宾、广西柳州等地调研时，多次就竹产业发展作出了重要指示，要求因地制宜发展竹产业，鼓励竹产区把资源优势转化为生态优势和经济效益，推动竹产业高质量发展。咸宁市是中国竹子主产区之一，有着丰富的竹类资源和发展基础。为加快咸宁竹产业发展步伐，助力乡村振兴战略实施，按照"科创中国"试点城市建设统一部署和要求，中国林学会竹产业科技服务团专家深入咸宁调研，与主管部门、龙头企业、特色小镇、产业基地等负责人座谈，形成本调研报告，主要情况如下：

一、咸宁市竹产业的基本情况

咸宁市位于湖北省东南部，属亚热带大陆性季风气候。因盛产以楠竹为主的各类竹资源，在全国享有"楠竹之乡"的美誉。全市现有竹类植物 12 属 150 余种，面积 180 万亩，占湖北省竹林资源的 80%。在此基础上，咸宁市竹产业初具规模，有

* 咸宁市科学技术协会 2022 年"科创中国"产业前沿决策咨询智库专题调研报告。

万亩以上楠竹基地 26 个，分布于全市 10 余个乡镇（林场）。其中，面积达 2 万亩以上的乡镇 16 个，5 万亩以上乡镇 9 个，10 万亩以上的乡镇 3 个，呈现出基地规模化、产业集中化的发展态势。2021 年，全市竹产业总产值达 72.7 亿元，其中一产产值 24 亿元，二产产值 34.5 亿元，三产产值 14.2 亿元。这些发展成果的取得，得益于咸宁市政府对产业的引领扶持，叠加了政策、资金等多方面举措，主要体现在以下几点：

（一）坚持高位推动

咸宁市充分发挥政府部门总揽全局、协调各方的作用，成立了由市人大常委会主任为组长，市人大、市政府领导班子成员为副组长，相关市直部门主要负责人为成员的竹产业发展领导小组，负责全市竹产业的统筹规划、组织协调等工作。形成了政府主导、市场运营、企业唱戏、科技支撑、基地开发的"政产学研用"协同发展体系。这一体系的建立，有利于各方凝心聚力、团结协作，推动竹产业高质量发展，提升产业链各环节的发展水平和效能。

（二）推进"咸宁标准"

咸宁市高度重视竹产业发展的标准建设，着重在管理的精细化和产业的规模化上下功夫，推动制定了《毛竹（楠竹）母竹造林技术规程》（DB42/T 1196—2016）、《楠竹大径材培育技术规程》等地方标准，鼓励全市竹产区严格按照标准进行栽植与生产管理。为加强标准管理的引领示范作用，咸宁市实施完成了国家标准化管理委员会"第九批国家楠竹生产综合标准化示范区"提升项目，在楠竹林深翻垦复、护笋养竹、适时追肥、防虫治病、分类采伐等环节大量引入丰产技术。经过调研比较发现，咸宁市楠竹立竹数量和质量提升明显，尤其是大径材数量有了显著的增加。

（三）推动产业振兴

咸宁市高度重视涉竹企业的培育扶持，着力在竹业产业化、产业规模化上下功夫。先后通过招商引资，引进年产值在 500 万元以上的竹企业 69 家，发展出巨宁竹业、骧腾科技、金色盆地、汇圆科技、瑞发竹业、恒通竹业、青源生物等一批具有品牌美誉度和市场占有率的竹加工企业。加大产业链要素资源集聚，投巨资建立省级竹循环经济产业园区，推动企业向"协同发展""抱团发展"转变，已成功吸引 20 余家规模以上企业入驻园区，成为带动园区产业链转型发展的新引擎。加强产业园区配套设施建设，累计投入 2 亿多元持续完善配套设施、改善园区环境、提升发展质量、优化营商环境，打造产业链一体化的高质量发展先行区。

（四）注重品牌培育

良好的资源、政策、资金环境为竹企业创新发展创造了得天独厚的条件，也极大激发了企业的创新创业动力。据统计，咸宁市现有竹产品 600 余种，既有传统的拉丝、竹板材加工产品，又新开发出竹盐、西餐竹托盘、竹刀叉、竹酒、生物质颗粒等产品，在国内外市场上均取得了一定份额的占有率。如赤壁绿圣源竹业有限公司生产的自然健康"竹盐"、湖北汇圆科技实业有限公司生产的西餐餐具，主要面向欧美市场，且订单数量有逐年递增的趋势。为支持竹企业塑造品牌，进一步扩大市场占有率和提升品牌美誉度，由市政府带头，区县政府跟进，拿出专项资金推进品牌建设，对取得"中国驰名商标""湖北省著名商标"的竹类企业和个人，一次性给予 20 万～50 万元奖励。尤其是赤壁市政府，设立竹林认证专项资金，帮助竹制品出口企业解决国际市场准入问题。目前，已有 23 批次产品荣获全国各类竹（林）业博览会金奖，赤壁竹笋、赤壁毛竹获得中国地理标志商标，赤壁竹笋、崇阳雷竹获中国地理标志产品认证。

（五）促进竹旅融合

利用竹林景观的优势和特色，大力发展生态旅游等第三产业。咸宁市先后整合 16 家国有林场，竹林累计面积达 90.5 万亩，建立国家级森林公园 2 个、省级森林公园 7 个。保护地优化整合后，形成了九宫山国家级自然保护区、岳姑山省级自然保护区，以及 17 个省级自然保护区和 9 个湿地公园。在此基础上，将潜山林场、陆水林场、黄龙林场、岳姑山林场申报为国家森林康养试点示范基地，发展竹林观光休闲、森林游憩、森林康养、乡村旅游、自然教育等特色产业，取得了一定的市场效益和游客基础。

二、咸宁市竹产业存在的问题

在咸宁市政府的高度重视和各方的共同努力下，咸宁竹产业体系的"四梁八柱"已基本形成，龙头企业的引领效果和产业链服务效能已初现成效。但从本次调研走访所看到的实际情况来看，咸宁竹产业的发展还存在着一产投入不够、二产带动不足、三产发挥不充分等问题；同时，龙头企业、人才队伍等因素的限制，影响了咸宁市竹产业当前和长远的发展，主要存在以下问题：

（一）竹资源经营水平有待提升

1. 布局结构需优化

在咸宁市竹产业迅速发展过程中，楠竹种植面积扩张趋势尤为突出，已达到 180 万亩，处于相对饱和状态，如果不能在政策规划和产能调整上遏制住楠竹的扩张势头，可能导致 3 个方面的后果：一是楠竹进入阔叶林区，侵占阔叶树生长空间，导致林相景观单一化，影响生物多样性和整体生态环境；二是楠竹材和竹笋产量供大于求，影响楠竹及竹笋的收购价格；三是一味地规模化扩张，不利于竹林质量的精准提升和可持续经营。需在市级层面上加强统筹规划，适度合理加强竹资源的空间布局。

2. 培育技术待加强

咸宁市的标准化建设和丰产栽培技术推广的覆盖面和深入程度还不够，没有真正实现竹产区统一标准、统一技术，科技推广"最后一公里"急需打通；部分地区没有专业人才带动，竹农科学文化素质和经营水平不够，影响竹林的经营管理精细化程度，存在抚育管理不足、水肥管理不当、采伐过量等现象，导致竹材质量参差不齐的现象，不利于工业化生产。调查发现，咸宁市平均每亩立竹量仅有 140 株，竹材平均胸径只有 8 cm，70% 以上的竹林属于低产林分，急需实施高产稳产的培育技术配套示范。

3. 配套设施需完善

咸宁市大部分竹区的林道、水电等基础设施条件差，竹林抚育、采伐、运输等机械化水平低，竹林经营管理仍以人工林为主，经营成本较高；原竹就地加工等机械设备缺乏，仓储设施不够，影响产品的经济效益；对新鲜度有要求的竹笋产品，运输成本较高，运输时间偏长，产品不能及时投放市场，影响了产品的经济效益。调查发现，竹林经营投入过大与竹材、竹笋价格偏低之间的矛盾，是影响竹林生产经营积极性的主要原因，使得竹林资源利用不充分，部分竹林处于荒芜状态。

（二）产业水平仍需加强

1. 龙头企业引领不够

全市规模以上企业数量少，年产值 500 万元以上的企业 69 家（含年产值千万元以上的企业 43 家），仅占全市加工企业的 18%。绝大多数企业规模偏小、产品档次较低、缺乏精深加工技术，产品主要以粗加工为主，市场适应能力较差，产品附加值相对较低。行业龙头企业湖北巨宁竹业科技股份有限公司尽管产值上亿元，但其对产业链、周边中小企业的带动能力不足。竹区的资源转化效率还有待提升。调查发现，全市楠竹加工转化率仅为 40%，一些竹产区仅限于销售原竹。

2. 产业链衔接不够

咸安区的共建竹产业园区目前仅入驻有 2 家竹地板企业和 3 家拉丝企业，赤壁官塘驿镇竹产业园也仅有 4 家企业入驻，产业园区规模、数量和入园企业的质量有待提升；全市竹产业链延伸处于起步阶段，纵向、横向产业链拓展不足，尚未形成完整的采集、运输服务体系和加工、营销市场体系；产业规模效应未显现，没有形成经济效益好、发展质量高的示范性企业集群，影响本地和外地资本投资积极性。

3. 科技支撑不够

竹资源综合利用和精深加工技术研发应用不足，竹蔸、竹叶、笋壳、竹梢、竹废料等全竹利用不充分，导致资源浪费现象严重；产业创新能力不够，从事产品开发和文创设计的企业和专业人才队伍不足，影响产品的潜力挖掘；创新意识不足，新产品开发乏力，产品推陈出新周期长，受市场广泛认可的拳头产品偏少，企业整体竞争力不强，影响经济效益、长远发展等。

（三）竹旅融合较为薄弱

1. 发展意识不强

竹旅融合是在全域旅游发展概念的大背景下提出的，是以竹产业为中心，带动生态环境、竹林资源、旅游资源与经济社会协调发展的创新思路。调查发现，咸宁市在竹旅融合中存在发展意识不强、创新意识不够、措施手段欠缺等问题，缺乏全盘的布局和推动，在竹区的规划、产品设计和竹旅项目的实施方面，品牌特色不够鲜明，景观优势发挥不足，难以满足游客高品质、个性化、多层次的需求。

2. 建设投资不够

主要竹区景点不同程度存在内容单一、缺乏变化、产品老化等问题，使得景区可观、可游、可玩、可住的亮点不多，对本地及外地游客的吸引力不足。例如，咸安区星星竹海景区，旅游项目单一，基础条件较差，游客数量无法支撑起吃、住、游、购等产业配套，反过来导致游客驻留不足。洪下竹海、大幕竹海等部分景区开发力度不足，基础设施建设较差，景区内部分区域处于原始状态，存在交通不便、有安全隐患等问题，影响游客深度游览。

3. 文化软实力塑造不够

作为"楠竹之乡"，咸宁市有竹艺加工、竹工艺品、文艺创作等文化基础，但文化传承和挖掘还不够，现代化的竹旅文化、文创设计和文创产品创新程度不够，没有形成深受群众喜爱，具有一定知名度的文创品牌；同时，以弘扬和传播竹文化为主题的活动偏少，竹产品、竹文化缺少展示宣传平台，无法形成对区域及周边游客的吸引和宣传推介，使得咸宁竹文化品牌没有广泛的市场认可度，影响了竹区游客引流。

三、发展建议

党的二十大报告提出，中国式现代化是全体人民共同富裕的现代化，是物质文明和精神文明相协调的现代化，是人与自然和谐共生的现代化。从咸宁市竹产业发展来看，要紧扣"现代化"这一主题，围绕补短板、强弱项、扬优势做文章，走出一条盘活资源存量、提升产业质量、积蓄创新能量的高质量发展道路，满足人民群众日益增长的生态环境和共同富裕需求。主要有以下发展建议：

（一）抓住发展机遇

在以国内大循环为主体、国内国际双循环相互促进的新发展格局这一大背景下，咸宁市竹产业发展将迎来三大发展机遇。

1. 以竹代塑的机遇

据联合国环境规划署统计，过去 70 年间，全球 92 亿 t 塑料制品有 70 亿 t 成了塑料垃圾，已对地球环境和人类健康造成了严重危害，包括中国在内全球 140 个国家和地区已陆续颁布了禁塑政策。竹子是优质的可再生、可循环、可降解的环保材料，并具备强度高、韧性好、硬度大、可塑性佳等特点，已得到国家层面和业界的高度关注。2022 年 11 月，习近平总书记给国际竹藤组织成立二十五周年志庆暨第二届世界竹藤大会的贺信中明确提出了"以竹代塑"倡议，提出中国政府与国际竹藤组织共同推动竹子在治理塑料污染、代替塑料产品方面的突出优势和作用，为高能耗、难降解的塑料制品提供基于自然的解决方案。目前，"以竹代塑"倡议正处于起步阶段，大规模推广应用主要受到竹制品制造技术、生产成本等因素的限制。咸宁市如果能在新理念、新技术的引导下，降低生产成本，提升自身产能水平，将丰富的资源优势转化为规模优势和产能优势，就能通过"以竹代塑"机遇为竹产业高质量发展开好局、起好步。

2. 产业转型的机遇

当前，全国竹产业发展正处于第三次转型升级时期，以竹重组材开发、"竹钢"建筑绿色建材、竹纤维深度开发、竹质活性炭、竹"三素"分离的生化利用为代表的新兴领域在技术上都有突破，鼓励企业加快新技术、新工艺的引进与应用，探索性尝试引入重组竹材、新型建筑装饰材料、以竹代塑产品、竹纤维、竹子生化与全竹利用等新的生产方式，将为企业转型升级和弯道超车提供重大机遇。

3. 产业转移的机遇

目前，浙江、江苏等东部竹产业发达地区受到环境整治、原料成本上涨、劳动力短缺和要素成本上升等压力，正在将部分产能向中西部地区转移，形成以东部市场为导向、中西部原料和产业为支撑的新型竹产业格局。咸宁市作为中部城市，要牢牢把握东部竹企业产能转移的重大机遇，充分利用自身在资源和交通方面的显著优势，下好系统谋划先手棋，积极在平台搭建、产业对接、招商引资和产品推介等方面下苦功夫、花大力气，努力构建一、二、三产业相互融合的产业发展体系。

（二）夯实发展基础

1. 完善政策制度

建立完善的竹林经营权流转制度，鼓励竹林经营权向龙头企业、专业合作社和家庭林场等经营主体集中，形成集中连片的规模化经营模式，解决林地分散化、资源碎片化等问题；推广"公司＋基地＋农户""公司＋合作社＋农户""保底分红""二次返利""政策性保险＋商业保险"等利益联结模式，为竹林流转提供稳定的保障机制；完善扶持政策，培育种植大户、家庭林场、职业经理人等新兴经营主体，鼓励其参与规模化经营，提高竹林的经济效益和发展质量。

2. 加大企业扶持

对竹产业龙头企业给予动态认定，对符合条件的企业给予税收优惠、贷款贴息、用电优惠等措施，在产业细分领域集中培育一批具有引领性和示范性的龙头企业；优先解决涉竹龙头企业农用土地问题，鼓励龙头企业建立原料林基地和竹制品初级产品加工基地，将有一定规模优势和发展优势的龙头企业纳入乡村振兴建设项目中，落实信贷补助、风险补助等政策优惠，形成规模优势；推动区域品牌创建，支持企业申报各类品牌性地域标志产品，对获得品牌认定的企业按层级进行财政奖补；整合现有地理标志、地理产品等地域认证品牌，形成具有区域特色的公共品牌和集体商标。

3. 强化科技支撑

采用政策优惠、资金奖补等措施，鼓励龙头企业及产业链上的加工企业采购新设备、采用新技术、研发新产品，提高企业的科技创新能力；搭建创新平台，支持企业与科研机构、高等院校、学术性社会组织等加强对接、紧密联系，形成"产学研"协同创新联盟，推动以市场为导向的技术成果研发和以生产为导向的技术成果转化等平台建设；加强"引进来"和"走出去"相结合的人才体系建设，支持各生产经营主体引进高端技术和管理人才，鼓励企事业单位干部、专业技术人员到竹产业发达地区挂职锻炼，将新理念、新思想、新方式带到咸宁，提高区域整体科技水平；加大政策倾斜力度，依托基层技术干部、产业带头人、致富带头人、林业乡土专家等，重点培育一批看得见、留得住、问得着、善创新的基层实用技术人才，有效帮助林农解决生产经营中的实用技术难题，提高区域林农的经营能力和抗风险能力，促进林农共同富裕。

（三）注重竹旅融合

习近平总书记提出，旅游是综合性产业，是拉动经济发展的重要动力。据测算，旅游项目投资每增加1元，可带动5元的综合投资；旅游产业每收入1元，可带动相关产业增加4.3元收入；旅游接待人数每增加50人，就能带来1个直接就业岗位、5个间接就业岗位。弘扬竹文化、推动竹旅融合，不仅可以促进咸宁市一、二、三产业融合发展，而且可以提高"咸宁竹"的知名度，形成区域品牌。

1.发展以竹文化为重点的创意产业

推动竹产业与历史、文化、民俗等深度融合，鼓励发展竹编、竹雕、竹簧、竹宣纸、竹丝画帘、竹油纸伞等非物质文化遗产产品与体验区；建设具有区域特点的竹文化景观建筑和以竹为主题的公园、博物馆、博览园、酒店及竹工艺设计中心；举办以竹文化为主题的摄影、绘画、书法、影视等活动，提高公众的参与度和认可度。

2.大力推动竹类生态旅游

坚持从高端切入入手，引入有实力、有理念的团队参与竹景区景观改造和提档升级，以一流的规划、一流的设计指导一流的发展，为竹旅游产业布局、产品开发、基地建设、示范创建、运营管理等提供依据和规范；加强竹景区公共服务设施配套，进一步改善住宿餐饮、安全卫生和游客服务等条件，完善步道系统、标志标牌和交通通信等设施设备建设；支持举办竹文化节、竹生态旅游节、竹博览会等活动，打造一批具有知名度的竹旅游精品线、竹林体验基地、竹类森林公园。

3.加强地区宣传推介和招商引资力度

以县或乡镇为载体申报中国竹业特色之乡，推荐竹专业村镇评选全国"一村一品"示范村镇、特色生态旅游示范村镇，引导和带动特色竹产业发展；加大竹林认证（FSC 或 CFCC）和竹产品碳标签认证，推动企业打破西方的绿色环保壁垒，将产品打入国际市场；支持政府、企业参与各类展会、博览会、高峰论坛等国际国内活动，展示咸宁市竹产业资源优势和发展成果，吸引外部资本投资兴业；加大咸宁市的招商引资力度，通过重点招商引资弥补产业链短板，建立竹产业集群。

（四）提升竹产业质量

以技术创新为重点，强化竹材加工利用。培育竹材、竹炭、竹纤维的系列产品以及竹子生化利用、竹笋深加工等各领域领军企业，形成全竹利用的产业链和产业集群。鼓励龙头企业在竹产区建立初级加工点，促进原竹的加工利用。

1. 补齐竹产业链条

目前，咸宁市已有的竹企业基础尚可，但产业链不够完整。例如，湖北汇圆科技实业有限公司规模不足以满足国际国内市场需求，政府给予扶持能使其成为新技术产业的发展潮流；咸宁市青源生物科技股份有限公司产品比较单一，如果能扶持其配套生产活性炭并且提供热能，则可实现加工原料互补、上下游产品高度关联，企业规模和竞争力将得到全面提升。

2. 发展装配式建筑材料

目前，咸宁市正在推动竹缠绕复合管道项目，但竹缠绕复合管道的缺点是市场营销困难，建议在兼顾管道建设的同时，拓展房屋、高铁车厢、移动厕所或军需产品等渠道，以产品利润孵化长期技术项目；湖北巨宁竹业科技股份有限公司有重组材技术储备，建议企业不要只盯户外板材，可往装配式建筑材料方向发展，也可以为相关企业做配套，引领产业链发展。

3. 发展竹材"三素"分离产业

改变原竹、竹条等原始产品销售模式，可通过机械方式将竹材分解为纤维素、木质素、半纤维素，作为一些下游工厂原料来生产和售卖，解决长期贮存和后续利用问题，为竹材工业化利用和跨界合作打下基础。

（五）加强资源培育

咸宁市在笋竹高产高效培育方面具有发展优势，今后的发展重点为竹林分类经营。

1. 大力发展竹笋资源

在竹材滞销、竹笋销路向好的前提下，注重竹笋资源的培育和利用。在培育上，建议大力推广雷竹早出覆盖技术，引种夏秋季出笋的优良竹种，多建一些楠竹冬笋林基地，争取打入长三角冬笋市场；在楠竹采伐利用上，可采用大量挖笋、少留竹子的经营模式，解决楠竹砍伐困难和增加竹农收入问题。

2. 大力推广"大径材培育＋无水源节水灌溉技术"

大径材在采用展平加工技术过程中可大幅度提高竹材的利用率，降低胶水等辅助材料的用量，有利于降低生产成本和节能减排；加强微灌溉设施建设，能有效解决竹林缺水问题，可培育大径竹和楠竹王，提升竹林的景观效应，便于发展竹林旅游和生态康养产业。

3. 发展竹林下经济

发展林下经济是保护耕地安全和促进乡村产业振兴的重要手段，是实现"两山"转化的重要途径。竹子可替代阔叶树作为食用菌的原料。竹料培育的香菇，口感比木材培育的香菇还好，产量也很接近，而且竹料还可以培养适合林下种植的竹荪、大球盖菇、羊肚菌、黑皮鸡枞、灵芝等食用菌，效益高。咸宁市离武汉市、长沙市等大城市近，在充分评估市场需求的基础上，若拿出 10 万亩楠竹林来发展特色林下产品、旅游产品（食用菌伴手礼），市场销售不是问题。另外，楠竹林下也很适合发展黄精等中药材。发展楠竹林下生态种植，相当于向山林要耕地，对保障国家粮食安全也很有意义。根据测算，楠竹林下种植 2～3 亩林下经济，就相当于增加一亩耕地的产量。按当前市场价值评估，"一亩竹林万元钱"的目标是可以实现的。

作者简介

谢锦忠，男，1966 年生，中国林业科学研究院亚热带林业研究所竹子协同创新与国际合作中心主任、研究员；兼任中国林学会竹子分会秘书长、中国林学会林下经济分会副秘书长，中国林业产业联合会林下经济产业分会副秘书长，等等。主要从事竹子栽培、竹林水文学的应用基础和竹－农复合经营（竹笋、竹荪等食用菌，黄精、三叶青等中药材）等方面的研究。先后主持和参加国际合作、国家重点研发、行业专项、国家攻关、浙江省重点等项目 40 余项；出版专著 6 部，参与编写教材 2 部，在国内外学术刊物上发表论文 70 余篇。获国家科学技术进步二等奖 1 项，省部级科学技术进步二、三等奖各 1 项，梁希林业科学技术一等奖 1 项、二等奖 3 项。获得"2022 年国家林业和草原局最美林草科技推广员""2021 年浙江省农业科技先进工作者"等荣誉称号。

李彦，男，1989 年生，中国林学会学术部高级工程师，兼任中国林学会林下经济分会副秘书长、青年工作委员会副秘书长。

欧亚非，男，1988 年生，四川省林业科学研究院办公室副主任、工程师。

陆志敏，男，1962 年生，宁波市林业园艺学会常务副理事长、高级工程师，中国林学会宁波服务站秘书长。

姚曦，男，1981 年生，国际竹藤中心副研究员，兼任中国竹产业协会竹食品与日用品分会秘书长。

我国林草种质资源设施保存库建设运行现状与对策建议

韩　彪[1]　解孝满[2]

（1.山东省林草种质资源中心种质保藏所所长；2.山东省林草种质资源中心主任）

"一粒种子可以改变一个世界，一个品种可以造福一个民族。"习近平总书记在2022年"两会"期间强调，要发挥我国制度优势，科学调配优势资源，推进种业领域国家重大创新平台建设，加强基础性、前沿性研究，加强种质资源收集、保护和开发利用，加快生物育种产业化步伐。林草种质资源是国家的重要战略资源，设施保存库是通过人工控制环境实现林草种质资源长期保存的重要方式。目前，我国林草种质资源设施保存库建设正处于蓬勃发展阶段，根据《全国林木种质资源调查收集与保存利用规划（2014—2025年）》布局的"一主库六分库"设施保存体系已初步形成。为充分掌握国内外种质资源设施保存库建设运行情况，借鉴先进经验做法，国家林草种质资源设施保存库山东分库先后调研了中国西南野生生物种质资源库，以及国家林草种质资源设施保存库（雄安）、内蒙古分库、新疆分库、湖南分库、海南分库等多家单位，并广泛收集全球重要野生植物、农作物等高水平设施保存库建设运行情况。通过深入剖析，凝练可借鉴经验，本文指出目前我国林草种质资源设施保存库建设和运行管理方面存在的不足并给出建议，以期为国家林草种质资源设

＊2022年，山东省自然资源重点工作调研课题。

施保存库建设运行提供参考，为林草行业主管部门决策提供依据。

一、国内外种质资源设施保存库发展现状

（一）国外种质资源设施保存库现状

根据联合国粮食及农业组织（FAO）统计，全球约有 1 750 座种子库，保存了超过 740 万份种质资源，其中种子占 90% 以上。英国千年种子库、挪威斯瓦尔巴全球种子库、中国西南野生生物种质资源库等世界知名种质资源库成为种质资源设施保存领域的领跑者。美国国家植物种质资源库保存了 244 科 2 552 属 16 348 种 60 余万份野生植物及农作物种质资源；英国千年种子库已在全球范围内收集了 39 681 种野生植物的种子，是全球保存物种数量最多的野生植物种子库。欧盟建立了欧洲本土种子保护网络，收集保存欧盟地区 11 515 种 63 582 份植物种质资源，其中挪威斯瓦尔巴全球种子库保存了近 6 000 种 116 万份农作物种质资源。亚洲的日本种质资源库实现了种子的全自动智能存取，韩国建成了可储存 200 万份种子的白头大干种子库。这些国外的种质资源库建设有效保护了全球植物种质资源。

（二）国内种质资源设施保存库现状

我国高度重视种质资源工作，特别是近年来，习近平总书记多次在重要会议和讲话中对加强种质资源保护和利用作出重要指示。在相关部门的大力支持和推动下，我国种质资源保护工作取得了明显成效，种质资源设施保存体系初步形成，但是不同行业发展存在显著差异。中国西南野生生物种质资源库是我国第一座国家级野生生物种质资源库，已保存野生植物种子 10 917 种（达我国有花植物物种总数的 36%）87 863 份，植物离体培养材料 2 143 种 24 200 份，DNA 分子材料 8 029 种 67 631 份。国家作物种质资源库 2022 年建成可容纳 150 万份农作物种质资源的新库，已保存农作物种质资源超过 50 万份。国家园艺种质资源库保存了 637 种 7.5 万份种

质资源。国家药用植物种质资源库保存药用植物种质资源 93 科、1 017 属、29 995 份。国家牧草种质资源中期库保存牧草种质资源 38 科、261 属、825 种、17 336 份。经过不懈的努力，我国种质资源设施保存库体系建设正在加快推进。

（三）我国林草种质资源设施保存库建设情况

森林和草原是陆地生态系统的主体，有着极其丰富的林草种质资源。依据《全国林木种质资源调查收集与保护利用规划（2014—2025 年）》，我国林草行业布局的国家林草种质资源设施保存库主库、山东分库、新疆分库、内蒙古分库、湖南分库、海南分库、青海分库等设施保存库已处于全面建设或筹备建设阶段（表 1）。其中山东分库、新疆分库已建成运行，内蒙古分库、湖南分库处于工程建设阶段，海南分库、青海分库处于项目可行性研究报告编制和报批阶段。国家林草种质资源设施保存主库拟由北京林业大学雄安校区承建，前期设计库容约 180 万份，预计于 2026 年建成使用，未来将成为世界一流林草种质资源保存和研发中心。

表 1　国家林草种质资源设施保存库分布表

名称	建设地点	保存数量/份	主要范围
国家林草种质资源设施保存库（雄安）	北京林业大学雄安校区	180 万	国内外林草种质资源，承担国家主库职责
国家林草种质资源设施保存库山东分库	山东省济南市	70 万	华东地区及东亚区域
国家林草种质资源设施保存库新疆分库	新疆维吾尔自治区昌吉市	一期 8 万	西北地区及中亚区域
国家林草种质资源设施保存库内蒙古分库	内蒙古自治区呼和浩特市	80 万	"三北"地区，以草种质资源保存为特色
国家林草种质资源设施保存库湖南分库	湖南省长沙市	70 万	南方地区
国家林草种质资源设施保存库海南分库	海南省	约 50 万	华南地区及热带区域
国家林草种质资源设施保存库青海分库	青海省	约 30 万	青藏高原

二、我国林草种质资源设施保存库建设存在的问题

目前，我国林草种质资源设施保存库建设处于起步阶段，与国外先进的种质资源设施保存库相比，还存在一定差距，主要问题表现在管理机构及人员缺失、稳定的运行经费投入缺乏、高层次人才匮乏和科学研究投入不足等方面。

（一）管理机构和专职人员缺失

目前，无论是建成运行的山东分库、新疆分库，还是正在建设的内蒙古分库、湖南分库，都还没有建立设施保存库专职管理机构和专职管理团队，而是由管理省级林草种质资源的事业单位兼职管理国家分库运行。这种管理模式无法长期支撑数十万份林草种质资源的收集保存和鉴定评价，管理机构和专职人员缺乏将是阻碍林草种质资源设施保存库建设和发展的核心问题，需要国家林业和草原局统筹安排，国家主库和国家分库承建单位的主管部门积极争取，设置专职管理机构，配备专业技术人员，才能避免出现建库后无法有效运行的窘迫局面。

（二）稳定的运行经费支撑缺乏

设施保存库作为全国林草种质资源保护体系的重要支撑力量，肩负着我国林草种质资源的调查、收集、鉴定、评价、保存和共享利用职责，属于国之重器。借鉴国内外先进经验，设施保存库运行经费应由中央财政和地方财政共同承担。现阶段国家林业和草原局为已建成的国家分库提供了一定数额的林草种质资源采集补助资金，但是尚无法满足国家分库的运行经费需求。急需建立稳定的财政运行经费预算制度，其中国家主库由中央财政全面承担，国家分库建议由地方财政承担基础运行费，中央财政提供采集和保存补贴经费。

（三）高层次专业技术人才匮乏

种质资源保护上升为国家战略，对专业技术人才特别是高层次人才需求巨大，

然而我国林草种质资源设施保存人才队伍结构仍不合理，缺乏高层次领军人才和拔尖人才，种质资源研究队伍断层现象明显，在种子生物学、植物分类学、林草遗传育种等方面缺乏高层次人才。种质资源收集保存队伍力量薄弱，管理队伍知识结构老化，青年拔尖人才培养渠道缺失，严重制约了林草种质资源设施保存事业的创新与发展。需要在国家林业和草原科技创新层面，培养一批高层次设施保存领域专家，服务国家林草种质资源设施保存库体系建设。

（四）林草种质资源科学研究投入不足

虽然部分省级科技主管部门建立了初步的种质资源科技支撑体系，开展了如农业良种工程项目等种质资源保护和利用课题，但是支持对象大多集中在农作物、畜禽等农业种质资源方面，对于林草种质资源收集保存、鉴定评价和创新利用支持有限，无法满足国家级林草种质资源库对科学研究的基本需求。另外，国家自然科学基金、国家重点研发计划等国家级科研项目缺少对林草种质资源设施保存基础理论研究和应用技术研究的有效支持，林草种质资源设施保存方面仍然存在诸如顽拗性种子、短寿命种子、种子休眠、种子老化、种子超低温保存和超干保存等科学问题和关键技术得不到有效解决，影响了我国创建世界一流林草种质资源设施保存库的步伐。

三、针对我国林草种质资源设施保存库建设的对策建议

针对我国林草种质资源设施保存库建设及运行期间存在的问题，结合国内外领先的植物种质资源库先进经验和典型做法，本文提出如下建议。

（一）建立专职管理机构

国内外知名种质资源库，均由专职机构负责管理运行。例如，英国皇家植物园邱园成立了独立机构——"千年种子库"，专门负责种子库的运行管理和种质资源保

存；中国科学院昆明植物研究所成立了中国西南野生生物种质资源库，下设保藏中心，负责设施库运行管理，另设分子平台、信息中心、标本馆等辅助设施；中国农业科学院作物科学研究所成立了作物种质资源中心，承担国家作物种质资源库建设和运行工作。国内外知名的设施保存库，在建库之初已谋划布局成立专职的管理机构，配套专职技术人才和管理团队，让设施保存库的运行实体化、专职化，从而实现了高效保存种质资源的目标。事实证明，设施保存库作为资源密集型、技术密集型和人才密集型的"国之重器"，需要专职管理机构和大量的专业技术人员才能有效运行，发挥种质资源的最大效力。

设施保存库作为全国林草种质资源收集保护的主体机构，未来将成为国际领先的林草种质资源收集保存、创新研究和开发利用的专职机构，奠定我国林草种质资源在全球的重要地位。建议依托国家林草种质资源设施保存库主库成立"国家林草种质资源中心"，汇聚全国力量，打造"世界一流，国际领先"的林草种质资源库。依托国家分库成立省级林草种质资源中心，构建区域性种质资源收集保存与研究利用机构，在特色林草种质资源收集保存方面发挥支撑作用。力争经过十余年的努力，建成具有中国特色、高点定位的林草种质资源保存利用体系，为林草科技创新铸就新的增长点，为种业强国提供林草方案，为生态保护奠定林草基础。

（二）重视队伍建设和人才培养

种质资源作为基础性、战略性资源，很多潜在价值尚未得到充分研究，需要配备大量的高层次科研人员。例如，英国千年种子库聘有 40 多名专业技术人员，每年还有来自全世界多个国家的访问学者及志愿者为其提供服务；中国西南野生生物种质资源库各类运行管理人员达 108 人，其中保藏中心有 38 名专业技术人员具体负责种子检验和入库工作；挪威斯瓦尔巴全球种子库、日本及韩国的种质资源库也配备了数十名高层次专业技术人员从事种质资源科研工作。国内外高水平的设施保存库在人才培养和高层次人才引进方面，均有完善的奖励及激励机制，充足的人才保障为种质资源研究和创新利用奠定了坚实基础。

国家林草种质资源设施保存库建成之后，应尽快构建领军人才、青年拔尖人才、技术支撑人才为主体的人才团队，引进培养专业技术人员和运行管理人员。同时，需要立足行业特点，创新人才评价体系，通过对绩效考评的优化，确保种质资源库管理和保护方面的关键技术人才得到稳定支持，加大后备人才培养和支撑团队建设力度，设立林草种质资源人才工程，培养年龄结构合理的高层次人才、青年拔尖人才梯队，筑牢种质资源永续利用的人才基础。综合国内外先进种质资源库经验做法，我国林草种质资源设施保存库国家主库应该满足 80 ～ 120 人、国家分库应达 30 ～ 50 人的专职管理人员队伍规模，才能有效承担国家库的功能和职责。

（三）提供稳定的财政运行经费保障

种质资源库作为基础性和公益性的战略工程，基础运行经费一般由公共财政预算承担。例如，英国千年种子库运行经费主要由英国政府承担，同时接受社会捐赠。中国西南野生生物种质资源库基础运行经费和人员经费由中国科学院申请中央预算承担，同时科学技术部管理的国家重要野生植物种质资源库运行经费作为补充经费。挪威斯瓦尔巴全球种子库建设和运行经费主要由挪威政府承担，同时接受全球农作物多样性信托基金捐赠。

稳定的运行经费是设施保存库发挥作用的基础保障，林草种质资源设施保存库作为公益性项目，其建设运行经费一般由公共财政承担。借鉴国内外种质资源库运行经费典型经验，结合山东分库 5 年来运行成本核算，设施保存库每年运行经费包括但不限于人员经费、采集费、清理检验费、入库保存费、活力监测费和共享分发费等科目，根据采集数量和每年收集保存份数测算，平均每份林草种质资源从采集到入库所需直接成本为每份 1 000 ～ 1 500 元。应该将每年的基础运行成本纳入财政预算，由中央或省级财政预算单独建立运行维护经费账户予以长期支持。

（四）加大科研专项资金投入

我国林草种质资源设施保存库体系建成之后，数百万份林草种质资源的研究评价和挖掘利用将产生巨大的科研任务，其中顽拗性种子保存、短寿命种子保存、种子老化、种子休眠等科学问题尚未解决，种质资源超低温保存、试管苗保存、超干保存等新一代保存技术有待突破。未来一段时间，林草种质资源设施保存库专项研发经费投入不足，将成为制约我国林草种质资源保护的瓶颈问题。应考虑在国家和省部级科技主管部门设立林草种质资源保护专项课题，重点解决种质资源保存过程中的"卡脖子"技术和设备问题，形成一批具有国际影响力的科研成果，挖掘一批具有较高推广利用价值的新品种、新设备、新技术，形成全产业链发展模式，为我国林草种质资源长期保存和永续利用奠定科技基础。

我国森林覆盖率达 24%，草原占国土面积 40% 以上，是陆地生态系统的主体。建设国家林草种质资源设施保存库，保护林草物种及其遗传资源，能有效应对全球物种灭绝、生物多样性威胁、优异林草种质资源丧失等问题，为解决战后生存、灾后修复等问题提供种质保障。通过调研分析，笔者认为随着国内外种质资源事业的蓬勃发展，在这场时代竞争中，唯有保持"逆水行舟，不进则退"的清醒认识，才能保障我国林草种质资源设施保存事业的可持续发展，国家林草种质资源设施保存库才能承担起林草种质资源保护的历史重任。

作者简介

韩彪，男，1983 年生，高级工程师，农学博士，生物学博士后，国际种子检验协会林木种子检验与保存实验室主任，国家林业和草原局暖温带林草种质资源保存与利用重点实验室副主任，山东省林草种质资源中心种质保藏所所长。长期从事林草种质资源设施保存工作，曾被公派到英国千年种子库学习一年，组织建成了我国林业第一个规范化种质资源设施保存库；负责国家林草种质资源设施保存库山东分库建设运行；深度参与了国家林草种质资源设施保存库（雄安）、新疆分库、内蒙古分库、湖南分库和海南分库项目建设。2022年荣获"第十六届林草青年科技奖"，2023年入选"国家林业和草原局林草科技创新青年拔尖人才"。

解孝满，男，1970年生，研究员，山东省林草种质资源中心主任，长期从事林草种质资源研究。

湖北省木本油料产业调研报告

徐永杰 等

（湖北省林业科学研究院副研究员）

食用油是国计民生的重要战略物资，是粮食安全的重要组成部分。目前，国际粮油经贸形势复杂多变，特别是在新冠肺炎疫情蔓延全球的新形势下，保障我国食用油的自给率具有重要的战略意义。木本粮油不与农争地、不与人争粮，能有效缓解粮油供需矛盾和进口压力，是我国保障粮油供给安全的优势产业、潜力产业。2022 年 3 月 6 日，习近平总书记在看望参加全国政协十三届五次会议的农业界、社会福利和社会保障界委员，并参加联组会时指出，粮食安全是"国之大者"，强调"要向森林要食物"。2022 年，政府工作报告中提到"完善国家战略物资储备制度，保障初级产品供给"。2022 年中央一号文件中也明确提出"支持扩大油茶种植面积，改造提升低产林"。

近年来，湖北省委、省政府先后出台了《关于推进乡村振兴战略实施的意见》和《湖北省乡村振兴战略规划（2018—2022 年）》，为湖北省乡村振兴与全省经济高质量发展相得益彰提供了强有力的政策保障。2014 年 11 月，省委、省政府就出台《关于加快推进绿满荆楚行动的决定》，指出要"因地制宜、适地适树发展优质高效经济林，优先发展油茶、核桃、板栗等木本粮油"。2015 年 6 月，湖北省政府办公

---

* 2022 年，湖北省林业局专题调研报告。

厅印发了《关于加快木本油料产业发展的意见》，提出要"把木本油料产业打造成湖北省具有区域特色的优势产业和兴林富民的支柱产业"。从 2013 年起，各级政府通过统筹整合资金，加强政策引导和扶持，有效地推动了木本油料产业的发展。

目前，国家林业和草原局、国家发展和改革委员会、财政部关于印发《加快油茶产业三年行动方案（2023—2025 年）》，明确到 2025 年，湖北省新增油茶林为 210 万亩，低改油茶林为 146 万亩。发展木本粮油成为"国之大者"和"省之要事"，湖北省委、省政府高度重视，王忠林省长、赵海山副省长亲自批示，要求推动油茶等木本油料产业发展。湖北省林业局也制定了《湖北省油茶产业扩面提质增效行动方案（2022—2025 年）》，到 2025 年全省油茶种植总面积为 642 万亩，全产业链产值达 500 亿元以上。

为贯彻落实国务院、湖北省委和省政府工作部署，巩固好全省全面脱贫攻坚成果，发展好木本油料富民产业，调研组就如何推进木本油料产业高质量发展、打造乡村振兴示范区进行了深入调查研究，并提出对策建议。

一、"十三五"以来木本油料产业的成效

（一）"荆楚"特色的木本油料产业格局基本形成

"十三五"以来，湖北省通过实施绿满荆楚行动、精准灭荒、长江两岸造林绿化、低产林改造、中幼林抚育等重点工程，各地明确结构调整，坚持推进"一县一特"和"一村一品"，采取良种良法、科学管理，严格实行"三证一签"管理制度，大力发展油茶、核桃种植，探索发展油用牡丹、山桐子、油橄榄，有效地提升了全省木本油料基地的产量和质量，木本油料基地初具规模。截至 2020 年，全省现有木本油料林总面积达 45.97 万 hm^2，其中油茶为 28.80 万 hm^2，核桃为 15.19 万 hm^2，油用牡丹为 0.52 万 hm^2，油橄榄为 0.27 万 hm^2，其他木本油料经济林为 1.19 万 hm^2（图 1）。油茶籽产

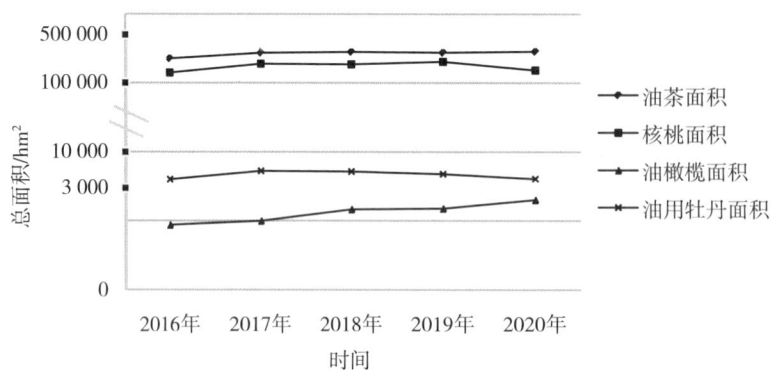

图 1 "十三五"期间湖北省主要木本油料树种面积变化

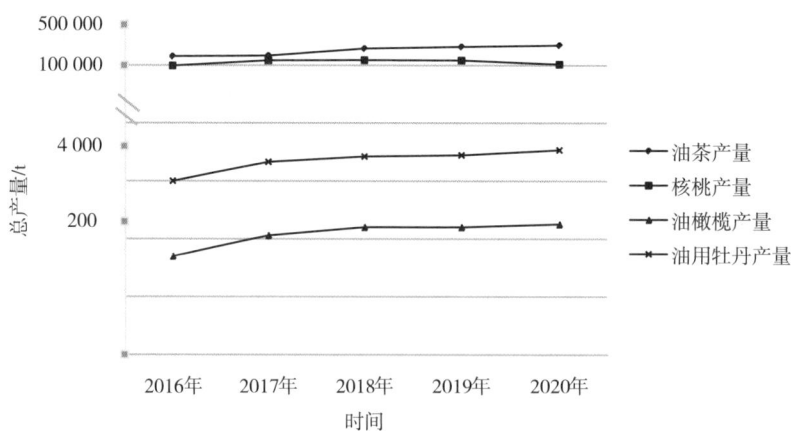

图 2 "十三五"期间湖北省主要木本油料树种产量变化

量达 22.18 万 t，核桃干果产量达 10.42 万 t，油橄榄鲜果产量达 180 t，油用牡丹产量达 3 418 t（图2）。其中，油茶主要分布在湖北省东部和南部，核桃主要分布在湖北省西部山区，山桐子主要分布在恩施土家族苗族自治州利川市，油用牡丹主要分布于襄阳市，油橄榄主要分布在十堰市。基本形成了"秦巴山区核桃产业区""大别山区油茶产业区"和"汉江流域油橄榄产业区"等主要木本油料产业格局。

（二）科技服务为核心的科技支撑体系初步构建

"十三五"期间，湖北省按照"把论文写在大地上"的总体要求，安排部署各类科技人员上山下乡，初步构建了科技服务为核心的科技支撑体系，主要体现在：

一是组建了国家级、省级科技平台。成立了"国家油茶科学中心北缘地区育种与栽培实验室""长江中游特色经济林产业国家创新联盟""湖北省木本粮油林工程技术研究中心""经济林木种质改良与林产品综合利用湖北省重点实验室""湖北省林下经济工程中心"等国家和省级重点科研平台，为产业关键技术研发提供了技术保障。

二是打通科技与基层产业的技术沟通渠道。以"三区人才""科技特派员""湖北省林业专家服务团""院士专家工作站"等为抓手，使科学研究与基层畅通对接。如保康县政府与湖北省林业科学研究院签订了长期的核桃产业科技合作协议，湖北省林业科学研究院在保康设立了"核桃工程技术中心"，成立了核桃产业"院士专家工作站"等平台。科技人员立足产业需求，重点围绕核桃良种选育、省力生态化栽培、水肥一体化、病虫绿色防控和采收加工等方面，先后开展了30余项试验研究，获得了2万多个试验数据，建立了大巴山区首座核桃种质资源库，选育出'楚林保魁'等系列新品种，为后期产业特色化、多元化产品开发奠定了良好基础；在歇马镇建立了全省第一个果材兼用、水肥一体核桃高标准试验基地，为下一步全省核桃省力化生态栽培提供参考范本。

三是完善基层科技推广体系。山区县根据自身产业特点，由林业主管部门组织技术人员、产业主体建立了技术推广服务网络，入户技术指导和依托示范基地开展室内外技术培训。如保康县在县林业局成立了县核桃技术推广中心机构，通过购买服务的形式组建县内核桃技术服务体系，在乡镇、村配备了核桃专/兼职技术员100余名，开展驻村带点、入户入田、进林进园等活动，为发展核桃产业提供"农户点菜、专家上门"的菜单式服务。2019年，保康县核桃办和林业系统共派出226批次、2 300人次技术人员活跃在田间地头，着力解决核桃产业发展实际问题。13年来，该县举办各类培训、现场会达600多场次，累计培训林农2万余人。

（三）以品牌引领的产品加工体系日趋完善

通过政府引导、市场主导、科学规划、合理布局，在湖北省建立了一批生产工艺先进、加工能力强的油茶、核桃等木本油料加工企业，培养出一批群众认知度较高的品牌企业和专业合作社。同时，支持鼓励企业开展副产品精深加工研究，不断改善加工工艺、提升产品质量、降低加工成本，提高木本油料树种综合利用价值和经济效益。截至 2020 年，湖北省木本油料加工企业数量达 74 家，其中油茶加工企业 61 家，核桃加工企业 13 家。2020 年，全省油茶籽产量为 22.18 万 t，核桃产量为 10.42 万 t，油用牡丹产量为 0.24 万 t，其他木本油料产量为 0.25 万 t。

"十三五"以来，湖北省涌现出了一批重点木本油料种植和加工企业，如湖北黄袍山绿色产品有限公司（通城）、湖北圭萃园农林股份有限公司（保康）、随州市岳雄丰生态农业有限公司（随县）、红安县将军红山茶油有限公司（红安）、湖北四季春茶油股份有限公司（麻城）、湖北黄石恒保生态产业有限公司（阳新）、湖北九龙山农林科技有限公司（大悟）、湖北恒贸茶油有限公司（来凤）等一批民营企业，市场主体的民营企业是现阶段油茶产业发展的主力军。目前，湖北省有"枣阳油茶""将军红山茶油""麻城茶油"等地理标志保护产品 9 个，"四季春茶油""福常椿""阳新油茶""富川山茶油""黄袍山油茶"等中国地理标志证明商标 5 个，"富川山茶油""谷堤绿魁山茶油""悟鑫有机山茶油""圭萃园核桃油""娘娘顶山茶油""本草天香""上古之水"等省内知名品牌 13 个。

二、木本油料产业存在的问题

（一）产业基地质量有待突破

1. 生产效益不高，回报周期长

湖北省木本油料产业业主包括合作社、企业和林农，以林农为主。木本油料生

产属于农业种植范畴，本身效益不高，随着劳动力成本和农资价格的上升及部分木本油料初产品价格的下跌，呈现出投入与产出呈正比的趋势（湖北省主要木本油料树种年平均投产出情况见表 1）。以保康县寺坪镇皮家坡村高产核桃基地为例，该核桃基地于 2009 年建成，2016 年开始进入挂果期，2019 年进入盛果期，未结果期每年每亩投入约 300 元，13 年累计投入 8 600 元，累计产出 18 600 元，平均每年每亩收益 769 元，回收期需要 10 年。然而，保康县百亩以上连片基地达到 225 块，2021年亩产干果达到 100 kg 以上的基地仅 75 块，占比 1/3。而湖北省核桃基地平均产量仅约 50 kg，每亩收益仅 300 元，还有许多核桃园处于亏本经营中。

表 1　湖北省主要木本油料基地年平均投入产出情况与回收期

树种	平均投入 /元	平均产出 /元	平均投入 产出比	平均回收期 /年	高产投入 /元	高产产出 /元	高产投入 产出比	高产回收期 /年
油茶	500	1 200	1 : 2.4	13	1 000	3 600	1 : 3.6	10
核桃	300	700	1 : 2.3	14	1 000	4 000	1 : 4	10
油橄榄	600	1 500	1 : 2.3	10	2 000	8 000	1 : 4	8

2．管理粗放，生产投入低

湖北省木本油料前期种植以退耕还林地为主，立地条件总体较差，农民和合作社普遍对核桃、油茶等木本油料林管理存有"懒人树"印象，生产过程中缺乏肥料投入，加上过大的栽植密度，导致 10 年左右封园，病虫害加剧，油科林减产甚至绝产。根据在十堰、襄阳、随州、恩施、宜昌、荆门 6 个主要核桃产区的 16 个县（区）集中连片超过 50 亩以上的 135 个核桃园土壤调查情况显示（表 2），湖北省 41.25%核桃园土层厚度不大于 50 cm，40% 核桃园土层厚度为 50 ～ 100 cm，18.75% 核桃园土层厚度不小于 100 cm。湖北省核桃园土壤综合肥力系数为 1.21 ～ 1.84，平均为1.52，为一般肥力水平，其中偏斜程度最大的是有效磷，偏斜量达 55.67%，土壤有机质和有效氮、有效磷普遍不足。

表 2　湖北省核桃园土壤养分状况

	最大值	最小值	平均值
土壤综合肥力系数	1.84	1.21	1.52
有机质含量 /（g·kg⁻¹）	2.64	1.64	2.00
有效氮含量 /（mg·kg⁻¹）	2.07	1.33	1.62
有效磷含量 /（mg·kg⁻¹）	1.76	0.47	1.29
有效钾含量 /（mg·kg⁻¹）	2.38	1.32	1.95

另外，各地政府补贴侧重良种苗木采购和造林补贴，对后期管理的补贴较低，很多基地仅仅靠退耕还林补贴维持，进入结果期之前一亩地的补贴仅为 100～200 元，也进一步催生了地方"轻管理"的现象。

3. 基地设施落后，抵御风险能力低下

以保康县核桃基地为例，除村级公路旁的核桃基地外，全县基本没有专门的基地道路建设投资。保康县百亩以上连片基地达到 225 块，其中有作业道的基地仅不足 20 个，占比不足 10%。基地内作业道多为农户自己投入，狭窄简陋，很多仅能通人。另外，该县 95% 以上的核桃基地无灌溉设施，2018 年由于干旱导致严重日灼、病虫害，使核桃基地减产 20%～30%，个别基地甚至绝收。

4. 生产标准化程度低，果实商品性差

湖北省木本油料林以山地为主的地域分布让大规模集约化标准化栽培难以实施，较差的产地环境和粗放式的管理制约了核桃的生产效率和经济效益。另一方面，以家庭为单位的小规模生产模式依然占据主流地位，给优势品种和技术的推广造成很大困难，同时使得相关生产标准化措施难以落实，也给集约化采购和加工造成挑战。遇到乐观市场行情时，采青现象严重，影响果实品质。采后脱青皮和坚果干燥，缺乏国家补贴，农民缺乏有效指导和设备，进一步影响果实质量。2021 年，对湖北省木本油料果实品质调查显示，保康县大约 20% 的坚果不具备商品果品质；丹江口市油橄榄因品种混杂，40% 以上果实存在早采现象，早采果出油率平均降低 3%～5%；

阳新县油茶果约有 30% 果实也同样存在不同程度的早采现象。

（二）龙头企业带动力有待提升

经过"十三五"的发展，涌现出了湖北黄袍山绿色产品有限公司、湖北四季春茶油股份有限公司、湖北圭萃园农林股份有限公司、湖北霖煜农科技有限公司、湖北丰年农业开发有限公司、湖北鑫榄源油橄榄科技有限公司等省级龙头企业，但很多龙头企业因前期基地扩张、经营不善等原因，出现了财务危机，无力投入科研、市场开拓，甚至如湖北圭萃园农林股份有限公司等被纳入严重失信主体名单，无法融资再生产。

（三）科技创新有待强化

湖北省处于我国中部，生态地位显著。木本油料林作为湖北省重要的产业组成部分，不能完全照搬照抄省外种植技术，需要根据湖北省的实际需要，探索适宜湖北省林业的一般规律和技术。而在湖北省林业科技实践中，科技创新长期处于相对薄弱的境地。据国家林业和草原局统计（表3），近 20 年来，湖北省林业地理标志产品数量、授权植物新品种量和林业专利公开量分别仅占全国的 5.28%、0.95%、2.44%，平均居全国第 11 位。尽管"十三五"期间略有进步，但创新不足仍是科技支撑面临的重要问题。

表 3　湖北林业知识产权在全国的占比

单位: %

项目	近 20 年	2018 年	2019 年	2020 年	2021 年
地理标志产品数量	5.28	0.00	4.96	2.43	3.82
授权植物新品种量	0.95	0.00	0.85	1.81	1.10
林业专利公开量	2.44	2.61	3.06	2.90	3.17

科技创新不足的主要原因如下：

（1）立项难，经费不稳定。目前，支持应用基础研究的主要渠道是国家重点专项和国家自然科学基金项目，其项目和经费有限。地方财政资助多为应用和示范项目，对诸如遗传、生理、生化、土壤理化性质检测、病虫害发生规律及抗性生理等方面重视不够。这些学科研究不深入，进展缓慢，制约了应用技术研究进度，进而影响了应用研究水平的提高。

（2）研究人员和基层技术推广短缺。湖北省农林院校较少，从事木本油料研究的人员更少。由于受立项、经费等方面的影响，从事应用基础研究的高层次研究人员进不来、留不住，专心致力于应用基础研究的学科带头人极缺。另外，县级林业推广站、林业站当前的技术力量已满足不了木本油料产业发展需要，缺乏乡土专家，基层技术推广难度较大。

三、木本油料产业发展对策

木本油料产业中存在的诸多问题，虽然是发展中、前进中的问题，但必须引起我们的高度重视，认真采取措施逐个加以研究解决，以免制约木本油料产业的健康稳定发展。建议在以下几个方面多做工作，做出成效。

（一）加强产业领导，提高思想站位

当前，我国食用油供给安全形势严峻，食用植物油自给率仅约30%，油料产业综合效益不高，油料产业风险应对能力亟待增强。木本油料行业是我国经济林产业的重要组成部分，也是提供优质食用油的重要来源，发展木本油料产业是解决国家粮油战略安全的有效途径。高度重视木本油料产业的发展，推动山区、乡村实现生态美、百姓富，实现稳定脱贫与乡村振兴有机衔接，打通绿水青山向金山银山转化通道，把生态优势转化为经济优势，促进形成乡村经济绿色发展的长效机制，是心怀"国之大者"的重要体现。

（二）谋划全产业链，补齐链条短板

1. 编制产业五年发展规划和行动方案

湖北省林业主管部门要求各市、县结合各区域乡村振兴和产业特色优势，明确

其木本油料树种产业链建设的重点方向和发展目标，科学编制产业五年发展规划和行动方案。

2. 推进标准化示范基地建设

首先，每个主产县确定最适主栽良种 1～2 个，通过新建、改建等技术措施尽快实现"一县一品"和"一园一品"。其次，对现有木本油料基地分类施策。摸清全省集中连片 100 亩以上的木本油料基地情况，分类经营。对于立地条件差的基地，宜以生态林模式经营，避免人力、物力的巨大浪费；对实生林、品种不适宜的低产林进行良种嫁接改造；对立地条件好、品种适宜的林地，应加大投入，使其成为高产、高效示范林。

对木本油料产业直补政策。对新建和现有林地，林业主管部门应根据上述分类设置项目补助政策，给予相对稳定的持续补贴。补贴内容包括肥料、农药和机械、基础设施、初加工设备等。对于同一基地的肥料、农药补贴要持续补贴 2～3 年，对机械和作业设施补贴可采取后补助的方式进行。

3. 完善地方服务体系

建议出台相关引导政策，鼓励各地方政府重新组建新的木本油料产业政府服务体系和社会服务体系，强化考核督办，运用考核结果对服务体系给予一定的政策和资金扶持，激励引导产业高质量发展。

4. 强化品牌建设

基于湖北省木本油料产业在规模和产量上不突出的特点，建议积极研发推广木本油料生态高效栽培模式，大力推进"产业生态化"。林业主管部门以无公害或有机产品为依托，出台政策鼓励企业和专业合作社开展有机生产基地、有机林产品开发认证工作，积极塑造具有湖北特色的产业品牌。

（三）注重科技引领，突破关键瓶颈

建议稳定木本油料树种科技方面的投入，加大人才培养力度，改变传统生产方式，提高木本油料生产机械化水平，促进生产与农机农艺融合，积极推进木本油料生产各环节机械化，降低生产成本。

具体办法如下：一是设置育种专项资金，继续加强良种的选育工作，长期持续支持木本油料新品种选育工作，不断推出适应湖北省种植环境和市场需求的更新换代新品种。二是在产业发展中，将科技贯穿于生产的各个环节，实行木本油料产业发展与推广先进适用技术"同步设计、同步施工、同步验收"。三是建立不同区域的示范样板点，以点带面，推动全局。四是加强技术培训，培养一批土生土长的木本油料产业技术骨干。五是开展木本油料有机栽培、高附加值产品研发等产业难点技术攻关。

作者简介

徐永杰，男，1981 年生，博士，副研究员，湖北省新世纪高层次人才工程人选，国家林业和草原局第一批"最美林草科技推广员"。从事经济林育种与栽培技术研究和推广工作，主要研究方向为秦巴山区核桃种质资源评价与利用，主持省级科技攻关项目 3 项；获湖北省科技进步等奖项 6 项，国家发明专利 2 项，实用新型专利 3 项；参与审定国家级、省级良种 6 个；主持选育 4 个植物新品种；在《林业科学》、*Frontiers in Microbiology* 等国内外知名刊物上发表论 60 余篇。

程军勇，男，1977 年生，湖北省林业科学研究院经济林研究所所长、研究员。

黄发新，男，1970 年生，博士，湖北省林业科学研究院副院长、高级工程师。